KB139518

행복의 기원

일러두기

— 이 책은 2014년 출간된 『행복의 기원』(서은국, 21세기북스)의 10주년 기념 개정판
   이다. 개정판 서문과 발문을 새롭게 더했고, 저자가 10년간 글과 강의를 통해 독자
   를 만나며 받은 질문들을 정리한 QnA 장을 추가했다. 현 상황 및 현행 한글맞춤법
   규정에 따라 본문의 시점과 서술도 일부 수정했다.
— 외국 인명 및 지명 표기는 국립국어원의 외래어표기법을 따르되, 일부는 통용되는
   표기를 따랐다.

행복의 기원

인간의 행복은 어디서 오는가

서은국 지음

21세기북스

추천의 글

사람들이 심리학자인 내게 묻는다. 어떻게 하면 행복하게 살 수 있느냐고. 이 어려운 질문에 지난 10년 전부터 항상 『행복의 기원』부터 읽어야 한다고 대답했다. 이유는 간단하다. 아직까지 이보다 더 행복을 명확하게 바라보게 해 주는 책을 만나지 못했기 때문이다. 그래서 지금까지 가장 많이, 그리고 자신 있게 추천해 왔다. 과학적 증거들에 기반해 고단한 한국인들의 인생관에 중요한 변화를 만들어 낼 수 있는 정말이지 몇 안 되는 걸작이다. 게다가 지난 10년간 독자와 청중으로부터 받은 질문에 저자가 어떤 대답을 해 주었는지를 들여다볼 수 있는 것 역시 큰 행복이다.

_김경일(인지심리학자, 아주대 교수, 『마음의 지혜』 저자)

이 시대 최고의 행복 심리학자가 다윈을 만났다. 결국 그의 위험한 생각에 세례를 받았고, 급기야 행복 연구의 방향을 180도 틀었다. 이 변곡점에서 저자는 외친다. '행복이 목적'이라는 아리스토텔레스는 틀렸고, '모든 것은 생존과 번식의 수단'이라는 다윈이 옳았다고. 우리는 행복하기 위해 사는 게 아니고 생존하기 위해 행복한 거라고. 이 책은 온갖 행복 테크닉에 중독된 우리 사회를 향한 광야의 외침이다. 하지만 행복에 대한 위험한 진실을 말하는 저자의 방식은 세례 요한의 비장함보다는 우디 앨런의 지적 익살에 가깝다. 학자의 지적 성실함이 무엇인지를 느낄 수 있는 책이다. 심지어 너무 재밌다. 이제 행복에 대해서도 '왜?'를 물을 때!

_장대익(진화학자, 가천대 석좌교수, 『다윈의 식탁』 저자)

세상에는 셀 수 없을 만큼 다양한 행복의 방법이 있다. 하지만 그 방법들을 외워도, 이해해도, 따라 해도 전혀 행복해지지 않는 이유는 뭘까? 그 답이 바로 이 책에 있다. 뻔한 교훈들로 채워진 행복에 대한 오해와 착각 들을 한 방에 날려 버릴, 행복에 대한 가슴 아픈 진실이다. 이 책으로 우리는 결코 행복해지지 않을 것이다. 하지만 이 책을 읽지 않고서는 왜 행복해야 하는지조차 알 수 없다. 행복이라는 전설의 용을 멋지게 그린 동화를 원하는 어린이가 아니라, 행복이라는 동물을 조각조각 해부한 과학적 보고서가 필요한 지성인이라면 꼭 한번 읽어 볼 책이다.

_**허태균**(사회심리학자, 고려대 교수, 『가끔은 제정신』 저자)

목차

개정판 서문

유학 생활 초반, 교수님이 내게 했던 말씀이 기억난다. "자네는 뭐든 거꾸로 뒤집어서 생각하는 재주가 있네." 재주는 아니지만, 그런 버릇이 있는 것은 사실이다. 나는 책과 논문을 읽을 때 저자의 주장과 반대로 내용을 뒤집어서 생각해 보곤 한다.

10년 전 출간한 『행복의 기원』도 뭐든 뒤집어 보는 버릇 때문에 쓰게 된 것 같다. 인간이 행복하기 위해 산다는 흔한 인문학 스토리는 나에게는 과학적 설득력이 부족해 보였다. 그래서 행복(감정)은 삶의 목적이 아닌 수단이라고 생각을 뒤집어 보았다. 진화심리학의 영감으로 보게 된 이 새 행복의 모습은 과학적으로 단단했다.

"행복은 생존에 필요한 도구야." 친구들에게 하던 이 말을 책으로 쓰면 어떨까 하는 생각을 10년 전에 하였다. 생소한 내용의 책이라 친구들에게 몇 권 주면 곧 사라질 것이라고 생각했다. 이렇게 개정판까지 오게 힘을 실어 준 많은 독자들에게 진심으로 감사의 마음을 전한다.

그동안 독자들과 대화하며 조금 더 추가 설명이 필요한 부분들을 알게 되었다. 가령, 유전, 외향성/내향성, 행복이 도구라는 표현에 대한 질문들. 이 내용들이 개정판을 통해 좀 더 명료해지면 좋겠다. 이 책을 읽고 직장과 삶의 터전을 옮겼다는 독자도 있었다. 감사, 보람, 책임감, 많은 것을 느끼게 해 준 책이다.

책 덕분에 다양한 소통의 장들도 열렸다. 철학자들과 행복 대담도 하고, 생소한 생물학 학회에서 행복에 대해 기조강의를 하기도 했다. 또 일부 내용은 대학 생물학 교재와 고등학교 교과서에 수록되어 학생들에게도 전해졌다고 한다. 좋은 삶에 대한 다양한 고민을 할 때, 양질의 사회적 경험의 중요성을 이 책이 생각하게 해 주면 좋겠다.

개정판을 위해 애써 주신 편집자 최윤지, 김지영, 장미희 님, 그리고 가끔 파란 잔디를 밟게 해 주시는 김영곤 사장님. 모두 감사드린다.

2024년 봄
서은국

서문

〈스코틀랜드 환상곡〉을 작곡한 독일의 막스 브루흐(Max Bruch)는 정작 스코틀랜드에 가 본 적이 없는 사람이다. 다가올 미래 사회의 폐단을 상상으로 그린 조지 오웰(George Orwell)의 소설 『1984』는 사실 1949년에 발표된 작품이다. 문학과 예술 작품은 굳이 예술가의 직접적인 경험에 기반을 두지 않아도 된다. 오히려 우리는 그들의 기발한 상상력에 찬사를 보낸다.

하지만 어떤 현상에 대한 과학적인 설명을 할 때는 얘기가 다르다. 탁월한 통찰력이나 상상력만으로는 부족하다. 냉정하게 그 현상을 직접 관찰하고, 신중하게 만져 보고, 기록해야 된다.

최근 행복을 향한 관심이 고조되면서 많은 책과 기사 들이 쏟아져 나오고 있다. 행복에 대한 희망을 가슴으로 호소

하는 책들은 많지만, 냉정한 분석에 바탕을 둔 '차가운' 책은 많지 않다.

흥미롭지만 사실이 아닌 일도 널리 보도된다. 일례로 방글라데시가 매우 행복한 국가라는 언론 보도는 학계의 결론과 다르다. 이 책은 흥미나 과장된 희망보다 행복의 적나라한, 사실적인 측면에 더 관심 있는 독자들을 위해 쓰게 되었다.

행복에 대한 과학적 연구를 최초로 시작한 에드 디너(Ed Diener) 교수의 연구실에 유학을 간 이후, 나는 지금까지 어느덧 반평생을 행복에 대해 읽고 생각하고 연구하고 있다 (그렇다고 더 행복해지지는 않았다). 그래서 내 생각이 모두 맞다는 뜻이 아니라, 이 책의 내용들은 나의 개인적 가치나 경험이 아닌 과학적 연구들에 기초한 것임을 말하고 싶다.

마치 세포나 행성을 다루듯이 행복을 객관적으로 분석한 연구들을 보면 행복에 대한 우리의 많은 직관은 사실이 아님을 깨닫게 된다. 예를 들어 행복의 가장 큰 결정 변인이 '유전'이라는 점을 과연 얼마나 많은 사람이 알고 있을지 궁금하다.

이 책은 행복을 소재로 한 다른 책들과 크게 세 가지 점에서 차별점이 있다고 생각한다.

첫째, 여타 많은 책의 주된 관심은 '어떻게 하면 행복해지는가'다. 영어로 표현하자면 'how'를 묻고 있다. 반면 이 책의 핵심 질문은 'why'다. 왜 인간은 행복이라는 경험을 할까? 또, 이 경험이 가지고 있는 본질적인 역할은 무엇일까? 이 중요한 행복의 속성을 이해하기 전에 행복의 비결이나 기술을 찾는 것은 한계가 있다.

또 역으로, 이 본질적 모습을 이해하면 행복이라는 것이 어쩌면 매우 단순한 현상임을 알게 된다. 너무나 똑똑한 현대인들의 실수는 그 단순성을 외면하며 산다는 것이다. 그래서 열심히 돈을 벌고 출세하는 데 삶을 바친다. 그러나 이상하게도 오늘이 어제보다 더 행복하지는 않다. 행복의 본성과 궁합이 맞지 않는 삶이기 때문이다.

둘째, 이 책은 행복의 이성적인 면보다 본능적이고 동물적인 면에 더 관심을 두고 있다. 2000년 전 행복에 대해 처음 토론한 사람들은 철학자였고, 이들은 행복을 하나의 관념 혹은 생각으로 취급했다. 이 생각의 기류는 지금의 서구 행복 연구에까지 이어지고 있다. 잘못된 것은 아니지만, 인간의 일면만을 부각했다고 생각한다.

넥타이를 매고 있는 모습이 김 과장의 전부는 아니다. 간간이 새어 나오는 그의 욕망과 이기심, 절망과 슬픔이 김 과장이라는 인간의 실체를 훨씬 더 잘 나타낼 수도 있다. 행복도 마찬가지다. 그가 매고 있는 사회적 관습과 가치의 넥타이를 풀게 하고, 그의 발가벗은 모습을 볼 필요가 있다.

셋째, 이 책은 행복에 대한 통상적인 사고의 틀에서 벗어나고자 했다. 행복은 인생의 궁극적인 목적이라는 철학자들의 주장에 우리는 익숙해져 있다. 그래서 모든 일상의 노력은 삶의 최종 이유인 행복을 달성하기 위한 과정으로 생각한다. 매우 비과학적인, 인간 중심적 사고다.

꿀벌은 꿀을 모으기 위해 존재하는 것이 아니고, 인간도 행복하기 위해 사는 것이 아니다. 벌도 인간도 자연의 일부이며 이 자연법칙의 유일한 주제는 생존이다. 꿀과 행복, 그 자체가 존재의 목적이 아니라 둘 다 생존을 위한 수단일 뿐이다. 간단히 말해, 행복하기 위해 사는 것이 아니라 살기 위해 행복감을 느끼도록 설계된 것이 인간이다.

이 새로운 시각을 가지고 지금까지의 행복 연구 결과들을 재구성해 보면, 산만한 발견들 속에서 일관된 패턴이 나타난다. 내 생각에는 지난 40년간의 연구가 한눈에 정리되는 것 같다. 행복 분야의 굵직한 결론들이 어떤 것이고, 그것이 어떻게 생존과 맞물려 있는지를 이 책에서 소개하고자 한다.

뚜렷한 결론은 인간의 행복과 불행, 이 둘의 공통된 원천은 '사람'이라는 것이다. 누구나 할 수 있는 말이다. 하지만 최근 심리학 연구 내용들을 보면 왜 사람이 그토록 중요한지에 대한 이유를 알 수 있다. 예를 들어 실연의 아픔을 달래는 데 진통제가 효력 있다는 연구도 있고, 따뜻한 수프를 먹으면 덜 외로워진다는 논문도 있다. 이 황당한 사실들이 왜 행복의 실체를 이해하는 데 결정적 역할을 하는지를 이 책에서 이야기하고 싶다.

책을 쓰며 누구나 긴장감을 느낄 것이다. 행복에 대한 새로운 생각을 이 책을 통해 제안하면서, 나 또한 그럴 만한 학문적 내공이 있는가를 고민하게 된다. 하지만 일종의 모험을 해 보려 한다. 인생도, 축구도 수비보다는 공격이 역시 제맛이라 생각하며.

끝으로, 고마운 마음을 전하고 싶은 분들이 있다. 나의 친구들과 동료 선생님들(장대익, 허태균, 홍현종, 김상익, 한동우, 차명호, 김민식, 양재원, 정경미, 이석호, 한소원, 홍영오), 틀린 맞춤법들을 지적하며 즐거워하던 나의 제자들(신지은, 최혜원, 구자영, 이지나, 김동은, 임낭연, 손미나, 김은비), 그리고 멋진 책을 만들어 주신 한성근 팀장과 남연정 대리께.

2014년 봄
서은국

1장

행복은 생각인가

삶은 갈등의 연속이다. 이 갈등은 인간의 양면적 모습 사이의 끝없는 줄다리기다. 무의식적이고 동물적인 우리의 '본능'이 의식적이고 합리적이고자 하는 문명인의 '이성'과 하루에도 몇 번씩, 평생 동안 충돌한다.

직장 상사가 너무 얄미워 한 방 날리고 싶지만 이성의 목소리가 겨우 말린다. 이성 신승(辛勝). 세상이 깜짝 놀랄 정도로 살을 빼겠노라 결심하지만, 결국 늦은 밤 라면을 끓여 먹고 잔다. 밥도 좀 말아서. 본능 압승.

인간의 진짜 모습은 무엇일까? 철학자들이 수천 년간 펼친 이 논쟁에 끼어들고 싶지는 않다. 양면적 모습을 언급하는 이유는 심리학이라는 학문, 특히 지금까지의 행복 연구는 인간의 '의식' 수준에서 진행되는 상당히 합리적인 모습에만 너무 몰두했다는 생각이 들어서다.

이런 관점으로 그려진 행복의 청사진에는 정작 결정적인 것들이 빠져 있다. 행복은 본질적으로 감정의 경험인데, 마치 머리에서 만들어 내는 일종의 생각 혹은 가치라는 착각이 들게 한다.

세상의 많은 책이 행복해지기 위해 '의미를 찾아라' '가진 것에 만족해라' '긍정적인 생각을 해라' 같은 조언을 한다. 즉, 생각을 바꾸라는 것이다. 맞는 말 같지만 곰곰이 생각해 보면 공허한 말장난 같기도 하다.

불행한 사람은 긍정의 가치를 모르는 것이 아니라 그것이 뜻대로 되지 않는 것이다. 행복은 본질적으로 '생각'이 아님에도 불구하고 자꾸만 생각을 고치라고 조언하고 있다. 이런 식의 행복 지침서를 읽고 행복해지기란 거의 불가능하다.

왜 생각을 바꾸는 것만으로는 행복해지기 어려운 것일까? 결론부터 말하자면 이렇다. 행복은 사람 안에서 만들어지는 복잡한 경험이고, 생각은 그의 특성 중 아주 작은 일부분이기 때문이다. 이것이 뜻대로 쉽게 바뀌지도 않지만, 변한다고 해도 그것은 여전히 전체의 작은 일부에 지나지 않는다.

사실 인간의 모든 경험은 뇌에서 만들어 내는 마법과 같은 놀라운 '쇼'라고 할 수 있다. 예를 들면 빨간 사과. 빨간색은 사과 안에 있는 것이 아니라, 사과 표면에 반사된 빛의 파장이 우리의 시각세포를 흥분시키고, 이 신경 반응을 뇌에서 합성해 '빨갛다'라는 경험을 만들어 내는 것이다. 만약 빨간색이 사과 자체에 묻어 있다면 사과는 항상 빨갛게 보여야 할 것이다. 하지만 색맹인 내 친구에게 사과는 빨갛게 보인 적이 없다. 즉, 사과의 빨간색은 사과 속에 있는 것이 아니라 그것을 본 사람의 머릿속에서 생겨나는 경험이다.

　그렇다면 빨강이라는 경험을 이해하기 위해 무엇을 분석해야 할까. 세상의 모든 사과? 아니다. 외부의 자극을 합성해 빨강이라는 느낌을 만들어 내는 그 경험의 주인, 즉 경험자 그리고 그의 뇌에 대한 이해가 필요하다.

　행복도 마찬가지다. 우리가 용돈을 받고 즐거워할 때 느끼는 행복 역시 돈 자체에 있는 것이 아니다. 사과의 빨간색처럼 행복감도 뇌에서 합성된 경험이다. 돈이라는 자극이 뇌의 특정 부위들을 흥분시켜 '좋다'는 일시적 경험을 합성해 내는 것이다. 돈은 무조건 누구에게나 행복감을 일으키지 않는다. 색깔을 지각하는 것보다도 훨씬 더 복잡

사과가 빨갛게 보이는 것은 뇌가 만들어 내는 '쇼'다.

미묘한 경험이 행복이다.

어쨌든 행복을 이해하기 위해서는 이 경험이 왜, 언제 뇌에서 발생하는가를 알아야 한다. 그래서 이 뇌의 주인에 대한 깊은 이해가 절대적으로 필요하다. 그의 유전자에 박힌 가장 큰 욕망은 무엇인지, 그의 뇌는 무엇을 하기 위해 설계된 생물학적 연장인지.

여기에 대한 본격적인 얘기는 뒤에서 하기로 하고, 우선 여기서는 많은 사람이 생각하는 뇌의 대표적인 능력(의식적인 사고)에 대한 냉정한 평가를 해 보자. 혹시 그 중요성이나 역할을 과대평가하고 있는 것은 아닌지.

의식적으로 생각할 수 있는 능력. 분명 인간을 인간답게 만드는 특성이다. 숙고할 수 있기에 어제의 경험을 통해 뭔가를 배우고, 내일을 준비하고, 이런 책도 사서 읽어 본다. 그러나 무엇을 의식적으로 생각하는 능력이 어떤 생명체의 생존에 꼭 필요한 것일까?

우리보다 지구에 훨씬 오래전부터 살아온 악어. TV에서 보면 녀석들은 진흙을 뒤집어쓰고 있을 뿐, 도무지 고차원적인 생각을 하는 표정이 아니다. 인간 사회 못지않은 복잡한 위계 구조를 유지하며, 심지어 곰팡이 농장까지 운영하는 놀라운 개미들. 그 녀석들도 생각이란 건 하지 않는다. 겨울이 다가오면 남쪽으로 이동하는 철새. 그중 '반장' 철새가 달력에 출발일을 큰 동그라미로 표시해 놓는 것도 아니다. 새의 뇌는 눈에 닿는 일조량과 햇빛의 미세한 각도 변화를 감지해 이동 시기를 본능적으로 결정한다. 즉, 의식적인 생각은 생명 유지의 필요조건이 아니다.

인간도 마찬가지다. 호흡, 소화, 혈액순환. 우리의 생명을 유지시키는 거의 모든 생리적 기능들은 자동으로 이루어진다. 이 책을 읽는 동안 심장이 몇 번 뛰었는지, 호흡을 몇 차례 했는지 우리는 모른다. 하지만 분명 심장은 뛰었고 숨을 쉬었다. 우리의 생명을 꾸려 나가는 수많은 기능은 자동으로, 잘 짜인 프로그램처럼 우리 의식 밖에서 돌아가고 있다. 마치 나의 손발이 스스로 알아서 운전을 하는 것처럼.

요약하자면 의식적으로 생각한다는 것이 생존에 절대 필요한 것도 아니고, 일상의 경험들을 하기 위한 필요조건도 아니다. 최근 많은 학자가 의식적 사고의 중요성이 과대평가 되었다고 주장하는 이유다(Gigerenzer, 2007). 하지만 여전히 우리는 이 '생각하는 모습'을 인간의 대표적 특성으로 꼽는다. 왜 우리는 이성의 능력을 이토록 숭배하는 것인가? 몇 가지 이유가 있을 것이다.

가장 큰 이유는, 사람은 자신의 경험 중 의식적으로 생각하는 부분만을 볼 수 있기 때문이다. 그래서 이 '보이는' 부분이 실제보다 많은 일을 하고 있다고 착각한다. 보이지 않는 것보다 보이는 것이 더 설득력 있어 보이기 때문이다.

그래서 옛 페르시아 왕들은 패전보를 들고 온 병사를 처형했다고 한다. 단지 왕의 눈에 보였다는 죄 아닌 죄로 전령병은 패전의 책임을 과하게 뒤집어썼다.

하지만 페르시아 왕과 우리는 분명한 차이점이 있다. 왕은 패전의 이유가 전령 때문이라고는 생각지 않지만, 우리는 의식적인 부분이 자기 행동의 원인이라고 굳게 믿는다. 큰 오해다. 사실 일상의 수많은 선택과 행동은 의식의 손길이 닿지 않는 곳에서 조용히 이루어진다.

예를 들어, 레몬 향을 맡으면 사람이 갑자기 청결에 신경을 쓰게 된다(Holland, Hendriks, & Aarts, 2005). 세척제에 주로 레몬 향이 첨가되어 있기 때문이다. 무의식에서 이 둘(레몬 향과 청결)은 연결된다. 두 사건이 연합되는 경우, 하나(레몬 향)가 활성화되면 거기에 연결된 고리(청소)도 함께 활성화된다. 이 과정이 본인도 모르게 자동으로 이루어진다는 점이 문제다. 레몬차를 마시던 엄마가 갑자기 걸레를 찾는다고 하자. 왜 그러느냐고 딸이 물으면 엄마는 의식 수준에 떠오르는 가장 그럴듯한 이유를 댄다.

"저녁에 오시는 손님이 먼지 알레르기가 있으시대."

레몬 얘기는 절대 안 나온다. 숨기는 것이 아니라 진짜 이유를 엄마도 모르기 때문이다. 심지어 이런 말을 덧붙일지도 모른다.

"너희 엄마가 이렇게 현명한 사람이야."

어쩌면 세상 모든 엄마는 이렇게 현명한지.

착각은 이런 시트콤 같은 장면에서만 나타나는 것이 아

니다. 인생의 훨씬 중요한 판단을 내릴 때도 일어난다. 가령 배우자 선택. 지난번에 선본 남자가 싫은 이유?

"담배를 피워서."

친구들에게 이렇게 설명하고, 자신도 그렇게 믿는다. 그러나 담배라는 이유는 자기도 모르게 만든 사후 설명일 가능성이 크다. 진짜 이유는 훨씬 원초적일 수 있다. 그의 묘한 체취라든지, 쉬지 않고 깜박이던 눈.

'왠지 아니다, 이 사람.'

만난 지 3분 만에 내린 동물적 판단일 가능성이 높다. 하지만 이 과정은 뇌에 전달되지 않는다. 그래서 여자는 엉뚱한 곳에서 이유를 찾게 되고, 그러던 중 그가 피우던 담배가 떠오른다. 담배 피우는 남자…… 돈 낭비, 건강 마이너스, 백해무익한 인간.

한 달 뒤 그 남자가 담배를 끊고 전화했다고 치자. 그래도 당연히 "No"다. 남자는 친구들과 술을 한잔하며 푸념을 늘어놓을 것이다. 도무지 이해 안 되는 게 여자라고. 그럴 수밖에. 그녀도 자신을 모른다.

저명한 사회심리학자 팀 윌슨(Tim Wilson)은 그래서 우리는 자신에게도 '이방인' 같은 낯선 존재라고 했다(Wilson, 2002). 모든 것을 안다고 생각하지만, 사실은 정말 모르는

게 자기 자신이라는 것이다. 멍청해서가 아니고, 우리의 많은 선택과 결정은 의식을 거치지 않고 진행되기 때문이다. 의식은 용량이 아주 한정된 값비싼 자원이다. 그래서 정말 중요한 것만 선별적으로 기억하고 생각하도록 설계되어 있다.

우리의 머리에 떠다니는 생각은 쉽게 보이는 부분이지만, 그것이 우리 행동의 주원인이 아닌 경우가 많다. 페르시아 왕의 눈앞에 나타난 것은 전령병이지만, 그가 패전의 진짜 이유는 아닌 것처럼.

눈에 보이는 것이 전부라는 오해를 하면 인간을 그저 '생각하는 단백질 덩어리'로 착각하며 살게 된다. 그래서 행복이라는 문제도 생각이라는 아주 좁은 테두리 안에서 논하게 되고, 결국 행복의 본질을 간파하지 못하게 된다.

이성의 역할을 중시하는 또 하나의 이유는 그것이 우리의 동물적 본능을 통제하고 다스리기 때문이다. 중요한 기능이다. 이 능력 덕분에 먹고 싶어도 참고, 자고 싶어도 새벽까지 공부하고, 지금이 아닌 먼 훗날을 위해 산다.

하지만 이성적으로 통제된 행위가 본능적 욕구보다 무조건 좋고 바람직한 것인가? 고갱의 그림에 심취하는 것이 먹고, 자고, 성관계를 갖는 것보다 본질적으로 우월한 행위인가? 어떤 잣대를 가지고 판단하느냐의 문제다.

　오랜 교육을 통해 학습된 잣대로 본다면 우리의 동물적인 모습보다 합리적 측면이 더 좋아 보이기는 한다. 하지만 사회적 가치는 불변의 사실이 아니고, 당대의 사람들이 가지고 있는 다수의 의견일 뿐이다. 그것은 문화와 시대에 따라 변한다. 프랑스인에게는 한국인이 개를 먹는다는 사실이 놀랍겠지만, 우리는 그들의 달팽이 요리가 거북하다.

　가치가 아닌 생존에 기여하는 정도에 대해 생각해 본다면 얘기는 달라진다. 이렇게 생각해 보자. 우리의 본능적 모습을 힘센 '말'이라 하고, 그것을 통제하는 이성을 말 위에 올라탄 '기수'라고 하자. 야생의 말들이 생존을 목표로 달릴 때 기수가 탄 말이 혼자 달리는 말보다 반드시 더 유리할까? 혹시 기수가 도리어 방해되는 경우는 없을까?

　동물은 항상 본능대로 움직인다. 인간의 경우는? 생사를 좌우하는 절체절명의 순간에 더 이성적이 될까, 아니면 더 본능적인 모습이 튀어나올까? 이성적 통제가 항상 생존에 도움이 되었다면, 극도의 위험에 놓인 인간은 더욱 합리적으로 행동하도록 진화했을 것이다. 하지만 그렇지 않다.

　1977년 스페인령 카나리아제도의 작은 섬에서 역사상

최악의 항공사고가 일어났다. 미국의 팬암과 네덜란드의 KLM 항공사의 747 여객기가 활주로에서 충돌해 583명이라는 사상자를 냈다. 사고의 원인은 조종사들 간의 커뮤니케이션 문제였지만, 600명에 가까운 사상자까지 발생할 상황은 아니었다. 충돌은 상공이 아닌 활주로에서 일어났고, 기체는 충돌 후 수십 분이 지난 뒤 폭발했다. 비행기에서 탈출할 시간이 있었지만 상당수가 그 기회를 놓쳤던 것이다. 왜?

관련 기사를 보자. 화염에 휩싸인 기체 안에서 사람들이 취할 가장 합리적인 행동은 탈출구를 찾아 뛰어나가는 것이다. 하지만 많은 승객은 정반대로 했다. 충돌 후 제자리에서 꼼짝하지 않았던 것이다.

심리학자들은 이런 현상을 말 그대로 '언다(freezing)'라고 표현한다. 포식자 앞에서 일시적으로 얼어 버리는 것이 동물의 본능 중 하나다. 유구한 시간 동안 생존에 도움이 되었던 이 습성 때문에 이날은 불필요하게 많은 이들이 목숨을 잃은 것이다.

생존에 위협을 느끼면 인간은 더 동물스러워진다. 항상 식량난에 시달렸던 인류는 기회가 있을 때마다 영양을 몸에 비축하도록 설계됐다. 특히 지방이나 당분이 있는 음식으로. 그래서 다이어트를 결심하는 이들에게 초콜릿과 지방은 무서운 유혹이다. 입에서 당기는 본능의 힘을 막기에 이성은 너무 나약하기 때문에. 이 오랜 습성 때문에 현대인은 성인병과 비만에 시달리지만, 그 버릇 덕분에 지금까지 생존해 오고 있다.

최근 한 연구에서는 환경조건이 열악할 때 사람들이 어떤 음식을 찾는지를 관찰했다(Laran & Salerno, 2013). 한 곳에는 생존과 관련된 단어들이 쓰인 포스터를 실험실 벽에 붙여 놓았고(생존 위협 조건), 다른 곳에는 중립적인 내용의 포스터를 걸어 놓았다(중립 조건). 그 뒤 참가자들에게 두 가지 신제품 초콜릿의 맛과 바삭함을 평가하도록 했다. 참가자들에게는 두 초콜릿의 유일한 차이가 칼로리라고 알려 주었다. 하지만 연구의 진짜 목적은 생존과 중립 조건의 참가자들이 칼로리가 다른 두 초콜릿을 각각 얼마나 섭취하는지를 보는 것이었다.

예상대로 생존 위협 조건에서는 칼로리가 높은 초콜릿을 칼로리가 낮은 초콜릿보다 더 많이 섭취했지만(19g 대 11g), 중립 조건에서는 차이가 없었다. 흥미로운 점은 연구 참가자들은 벽에 걸린 포스터와 자신의 초콜릿 섭취 행위와의 연관성을 전혀 알아차리지 못했다는 것이다. 실험 종료 후 모든 사실을 설명해 줘도 믿으려 하지 않았다. 자기가 원래 초콜릿을 너무 좋아한다는 둥 이유를 만들어 냈다.

이 연구가 시사하는 바처럼 생존 위협이 커질수록 인간도 본능적인 모습으로 회귀한다. 영양 비축을 위해 칼로리가 높은 초콜릿을 찾게 되는 것이다. 다만 이 과정은 자신도 모르게 자동적으로 진행된다.

지금까지의 얘기를 정리해 보자. 이성적 사고를 하는 것은 분명 인간의 탁월한 능력 중 하나다. 그러나 그것이 우리의 유일한 모습도 아니고, 그 역할이 생각만큼 절대적이지도 않다. 하지만 의식만이 우리의 눈에 보이기 때문에 생각이 자신의 행동과 결정을 항상 좌우한다고 착각한다.

이성적 능력을 과대평가하는 것이 행복을 이해하는 데 왜 문제가 되는가? 문제가 되는 것이 아니라 방해가 된다. 보다 중요한 원인을 못 보게 만들기 때문에. 옛사람들은 주술사의 현란한 기우제 춤 때문에 비가 온다고 믿었다. 춤은 눈에 띄지만, 비의 원인은 아니다.

사람들이 기다리는 단비를 행복이라고 하자. 이 비가 언제, 왜 내리는지를 알기 위해서는 보이지 않는 습도나 풍

향 같은 자연 요인들을 이해해야 한다. 주술사의 춤이나 기우제 음식 같은 가시적인 것에 현혹돼서는 행복의 본질을 볼 수 없다.

자, 그럼 처음의 질문으로 되돌아가 보자. 인간의 이성적 사고 대 동물적 본능. 무엇이 진짜 모습일까? 인간은 두 가지를 다 가지고 있지만, 우리는 이성의 역할을 상당히 과대평가하고 있다. 역으로 본능의 '보이지 않는 힘'이 우리를 얼마나 움직이는지는 과소평가하며 산다. 이것이 다음에 다룰 내용이다.

행복에 대한 책에서 왜 이성이나 본능 같은 주제를 굳이 다루느냐고? 이런 비유가 도움이 될지 모르겠다. 행복을 소리라고 한다면, 이 소리를 만드는 악기는 인간의 뇌다. 이 악기가 언제, 왜, 무슨 목적으로 소리를 만들어 내는지를 알아야 행복에 대한 감을 잡을 수 있다.

그래서 우선 이 악기의 주인, 즉 인간에 대한 심층적 파악이 필요하다. 생각은 그의 모습 중 아주 작은 일부다. 그는 보면 볼수록 동물스럽다.

2장

인간은 100퍼센트 동물이다

삶은 또한 경쟁의 연속이다. 입시, 승진, 전철의 빈자리 하나. 무엇이든 자리 수보다 사람 수가 많으면 경쟁은 불가피하다. 그러나 이런 일상의 경쟁들은 자연의 경쟁 앞에서 시시해진다.

이 자연의 경쟁은 바로 '생존'이다. 우선 스케일 자체가 다르다. 높은 연봉이나 그럴듯한 대학 간판을 놓고 벌이는 싸움이 아니다. 자연의 생존경쟁은 말 그대로 생명을 건 싸움이다. 승자는 후손을 통해 자신의 생명을 지속하지만, 낙오자는 더 이상 생명체가 아닌 싸늘한 '물질'로 되돌아간다. 경쟁 중 최고의 경쟁이 바로 생존인 것이다.

경쟁률 또한 대단하다. 일례로 태평양 연어들은 알을 약 6000개 낳지만, 그중 성인기까지 생존하는 연어는 2마리

지하철 출근길부터 우리의 삶은 경쟁이 시작된다.

에 불과하다(Trivers, 1985). 약 3000 대 1의 경쟁률! 하지만 이건 예선에 불과하다. 결선에 오르면 다음 관문은 성공적인 짝짓기다. 이것이 생존경쟁 최후의 월계관이다. 특히 수컷들의 경우, 누구나 짝짓기 기회를 갖는 것이 아니기 때문에 치열한 경쟁은 계속된다.

인간과 유전적으로 가장 가까운 침팬지들은 수십 마리씩 무리를 지어 산다. 알파 수컷(alpha male)이라는 두목 녀석과 그가 거느리는 몇 참모들의 독재하에. 그런데 유전자분석을 해 보면 마을 전체 침팬지 새끼 중 약 86퍼센트가 정권을 쥔 이 몇몇 녀석들의 자식이라고 한다(Constable, Ashley, Goodwall, & Pusey, 2001). 수컷 소수가 마을 암컷을 독차지하는 구조다.

권력의 변방에 있는 수컷들은 대장에게 도전하다 죽거나 추방당하고, 일부는 짝짓기를 아예 포기하고 마을을 떠나 쓸쓸한 노후를 보낸다. 결국 수컷 침팬지 대부분은 평생 짝짓기 기회를 단 한 번도 갖지 못하는 것이다. 자연은 공평하지 않다.

우리의 옛 모습도 이와 비슷했다. 거의 모든 암컷은 짝짓기 기회를 가졌지만(수컷들의 왕성한 의욕 덕분에) 수컷의 경우 선택받은 일부만 후세에 유전자를 남길 수 있었다. 그래서 우리 조상의 남녀 비율은 50 대 50이 아니다. 어째서?

가령 남녀 20명씩 사는 섬에 아이들이 태어났다고 하자. 모든 성인 여자는 엄마가 됐지만, 남자들은 둘 중 한 명만 아빠가 될 수 있었다고 치자(침팬지의 독식 구조를 생각해 보라). 이 섬에 태어난 아이들의 호구조사를 나중에 해 보면 엄마는 총 20명, 아빠는 총 10명으로 밝혀질 것이다. 우리는 이런 불공평한 동네에서 살던 자들의 후손이다.

그래서 우리 조상의 남녀 비율은 1 대 1이 아니라 1 대 2로 여자 비율이 높다(Baumeister, 2010). 인간의 경우, 그나

마 일부일처제라는 제도 덕분에 남녀 간 불균형이 최근 줄어든 것이다. 다른 포유류들의 경우, 이 비율이 3(수컷) 대 7(암컷) 정도까지도 기운다. 거의 모든 암컷은 자식을 갖지만, 수컷은 소수만이 유전자를 남겼다는 말이다.

이 성비 불균형 때문에 남녀의 기질 차이가 발생한다. 예를 들어, 여자는 특별한 노력을 하지 않아도 엄마가 될 수 있기 때문에 안정지향적 전략을 택하는 것이 유리하다. 그러나 남자의 경우는 다르다. 어차피 최고가 못 되면 짝짓기에서 낙오된다. 매사에 '모 아니면 도' 같은 극단적인 전략을 택할 수밖에 없다.

그래서 남자들은 작은 것에도 승부욕이 불탄다. 주먹 반만 한 골프공을 김 부장보다 5미터 더 날리려고, 연습장에 출근하며 쇠막대를 5000번 흔드는 게 남자다. 승부욕 있는 수컷만이 살아남았기 때문이다(Baumeister, 2010).

이 치열한 생존경쟁에 뛰어드느냐 마느냐는 개인의 의사와 무관하다. 풀 한 포기에서 국가 수상에 이르기까지, 지구의 모든 생명체는 예외 없이 지금 이 순간에도 생존에 유리한 고지를 점령하기 위해 살아가고 있다. 의식하지 못할 뿐이다.

우리는 가끔 다큐멘터리 채널을 보며 동물들의 치열한

생존경쟁을 구경한다. 나와는 무관한, 전혀 다른 세계를. 호주에서 공수된 와인을 마시며 친구와 화상통화를 하는 내가 정글에서 치고받는 저 짐승들과 무슨 연관이 있나 싶다. 행복과의 관계는 더욱 묘연하다. 생존과 행복, 대체 어떤 관계가 있다는 말인가?

행복은 '뇌에서 만드는 소리'라는 비유로 돌아가 보자. 행복감이 퍼져 나오게 하는 이 뇌는 하루아침에 만들어진 것이 아니다. 토익 시험을 보고 암산을 하기 위해 설계된 것도 아니다. 그렇다면 행복의 소리를 만드는 이 뇌의 최우선적 기능은 무엇이며, 그 안에는 어떤 내용이 담겨 있을까?

뇌는 살벌한 생존경쟁에서 살아남은 조상들이 우리에게 물려준 일종의 '생존 지침서'다. '사자는 피하고, 믿을 만한 녀석과는 고기를 나눠 먹고' 등의 깨알 같은 생존 팁들이 담겨 있다. USB로 주지 않고, 유전적 정보로 저장해 우리 뇌에 심어 놓았다. DNA 코드로 작성돼 있기 때문에 우리의 의식적인 머리로는 완전히 해독되지도 않는다.

사실 우리가 이해를 하든 못하든 중요하지 않다. 나의 의사와 관계없이 몸이 손가락을 다섯 개 만들도록, 체온이 떨어지면 몸을 떨도록, 사춘기가 되면 이성에 정신을 쏟도록 자동 실행된다. 뇌는 생존경쟁에서 직면하게 되는 과제들이 무엇이고, 이들을 가장 효과적으로 해결하는 방법은 무엇인지를 담고 있는 수백만 년간의 생존 기록서다.

물론 우리가 사는 21세기의 세상과는 더 이상 맞지 않는 습성도 있다. 앞에서 말했듯 식량문제가 해결됐지만, 아직도 우리 몸은 지방이나 달콤한 음식에 정신을 못 차린다. 과거 우리에게 긴요했던 생존 장치가 이제 약보다 병이 된 것은 우리 뇌가 문명의 변화 속도를 따라잡지 못했기 때문이다.

미국 시카고대학의 제리 코인(Jerry Coyne) 교수에 의하면 호모사피엔스가 문명인의 모습으로 산 것은 진화론적 관점에서 보면 정말 잠깐이다(Coyne, 2010). 인간이 농경생활을 하며 본격적으로 문명을 가진 것은 길게 잡아야 6000년 전부터다. 세대로 따지면 약 250세대. 인간과 침팬지가 진화의 여정에서 갈라진 것은 대략 600만 년 전이라고 한다. 약 30만 세대 전.

막연한 숫자다. 이렇게 바꿔 보자. 시간을 1년으로 압축한다면, 인간이 문명 생활을 한 시간은 365일 중 고작 2시간 정도다. 364일 22시간은 피비린내 나는 싸움과 사냥, 그리고 짝짓기에만 전념하며 살아왔다. 동물이기 때문에.

그러나 우리는 1년 중 고작 2시간에 불과한 이 모습에 너무나 익숙해져 있다. 그래서 어처구니없게도 우리는 더 이상 동물이 아닌 줄 안다. 세 살 버릇 여든까지 간다는데, 과연 600만 년간 유전자에 새겨진 생존 버릇들이 그렇게 쉽게 사라질까? 절대 그럴 수 없다.

인간은 여전히 100퍼센트 동물이다. 바로 이것이 최근 심리학계를 뒤흔드는 연구들의 공통점이다(Kenrick & Griskevicius, 2013; Lieberman, 2013; Sapolsky, 2006). 이 중에는 '19금' 내용이 많은데, 처음 접한 독자들은 당황할 수 있다. "말도 안 된다" "심리학자들은 뭔가 좀 이상해" 싶을 것이다.

나도 이런 연구들을 거부감 없이 받아들이기까지는 수년에 걸친 생각과 공부가 필요했다. 당혹감이나 의혹, 심지어 약간의 불쾌감까지 생길 수도 있는데, 자연스러운 반응이니 이 책을 당장 집어 던지지는 말았으면.

우리의 동물스러움을 엿볼 수 있는 수많은 연구 중 몇 가지를 소개한다. 최근 심리학의 최고 권위지에 실린 리버만과 동료들의 연구다(Lieberman, Pillsworth, & Haselton, 2011). 모든 문화에서 친인척간 성관계는 금기시된다. 근본적인 이유는 근친관계에서 태어난 아이가 유전자에 돌연변이가 생겨 생식능력을 잃을 확률이 높기 때문이다. 결국 혈통이 끊어지기 때문에 진화 과정에서 근친관계를 방지하는 것은 아주 중요한 과제였다. 그래서 일종의 '근친 감지 시스템'을 동물들은 보유하고 있다. 인간의 경우는 어떨까?

위 연구에서 수개월에 걸쳐 여대생들이 누구와 얼마나 자주 문자나 전화를 하는지 분석해 봤다. 여대생들의 임신 확률이 높은 가임기와 그렇지 않은 기간의 통화 내역을 비교해 보니 딱 한 사람과의 통화 패턴이 달라졌다. 바로 그녀들의 아버지였다. 연구자들의 예상대로다.

아버지와 딸. 유구한 세월 동안 근친 관계가 가장 빈번하게 발생한 사이다. 그래서 가임기에 가까워질수록 여대생들은 자신도 모르게 아버지와 거리를 둔다. 가임기에는 통화 빈도와 시간을 서서히 줄이다가, 그 시기가 지나면 또다시 정상 패턴으로 돌아간다.

가임기에 가까워지면 아버지를 경계하라는 경고 시스템이 유전자에 프로그래밍된 것이다. 물론 자기 자신도 모르는, 무의식적으로 자동화된 현상이다. 그래서 실험 후 연구 내용을 설명해 주면 당사자들도 믿지 않으려 한다. 새로운 발견에 놀라워하기는커녕 심리학자들을 이상한 눈으로 쳐다본다.

어차피 이상한 눈빛을 받게 되었으니 같은 주제로 계속 가 보자. 근친관계를 막는 첫 단계는 우선 상대와의 혈연관계 여부를 파악하는 것이다. 인간은 어떤 단서를 통해 이런 판단을 내릴까? 학자들에 의하면 단순하면서도 강력한 단서는 유아기 때 누군가와 함께 보낸 시간의 양이다 (Lieberman, Tooby, & Cosmides, 2003). 태어났을 때부터 그 누구보다 많은 시간을 함께한 사람이 형제기 때문이다.

물론 '어릴 때 오랜 시간을 같이 보냈으면 형제'라는 단순한 공식이 항상 들어맞는 것은 아니다. 예를 들어 이스라엘의 키부츠 집단에서는 형제가 아닌 남녀가 어릴 때부터 함께 생활한다. 흥미로운 사실은 이들 중 성인이 되어 서로 결혼하는 경우는 극히 드물다는 것이다. 왜 그럴까?

키부츠 출신인 순이와 철수는 서로 형제가 아니라는 사실을 분명히 안다. 하지만 순이와 철수의 뇌에는 '너희는 어릴 때 너무 많은 시간을 같이 보냈어…… 수상해'라는 경계의 신호가 켜진다. 그래서 성인기에 이르면 서로에 대한 성적 매력이 억제된다. 머리로는 혈연관계가 아님을 알지만 사랑의 화학 호르몬은 좀처럼 생겨나지 않는 것이다.

사랑해선 안 되지만 사랑에 빠지는 경우는 사실 많다. 로미오와 줄리엣, 영화나 소설의 고전적인 소재다. 그러나 흥미롭게도 키부츠의 경우는 반대다. 사랑해도 아무런 문제가 없지만 사랑이 안 된다.

두 경우의 공통점이 있다. 이성적 판단은 동물적으로 내려진 결정 앞에 힘을 쓰지 못한다. 이 책을 읽는 독자 중에 초등학교 때부터 절친이었던 이성 친구와 결혼한 경우가 있다면, 자연의 흐름을 극복한 위대한 사랑임을 깨달으시길.

한 가지 연구를 더 살펴보자. 이 실험에서는 남자들에게 도시의 행인 사진들을 보여 주었다. 우리로 치자면 명동을 걷고 있는 여러 남녀의 사진을. 그런데 여자 대비 남자의 숫자가 많은 사진을 보면, 남자 참가자들은 갑자기 원시인으로 변한다. 여자가 희소하다는 무의식적인 생각이 성적인 경쟁심을 발동시키기 때문이다. 그래서 더 많은 돈을 데이트 예산으로 잡는다. 이런 사소한 자극만으로도 남자는 수컷으로 돌변하는 것이다.

실험실 상황만이 아니다. 미국 66개 도시의 소비 행태를 분석해 보면, 여자보다 남자가 더 많이 사는 곳일수록 남자들의 과소비가 심하다고 한다. 짝짓기 경쟁이 심할수록 무리한 지출을 해서라도 이성을 유혹하겠다는 뜻이다. 그래서 남자가 넘치는 도시일수록 남자들의 카드 빚과 부채율이 높다(Griskevicius, Tybur, Ackerman, Delton, Robertson, & White, 2012). 돌 대신 돈을 무기로 들었을 뿐, 구석기시대의 수컷과 뭐가 다른가.

하지만 이런 동물적인 모습은 스스로도 알아차리지 못한다. 도대체 어떤 여자가 자신이 가임기 때 아버지와 접촉을 피한다고 생각하며, 어떤 남자가 다른 수컷들이 나타나면 자기가 무리하게 카드를 긁는다는 것을 의식하며 사는가? 그래서 완벽히 속는다. 자신은 동물들과 질적으로 다른, 세련되고 고결하고 기품 있는 존재라고 믿으며 살아가는 것이다.

인간은 이 자화자찬의 몽상에 수천 년간 빠져 있었다. 그의 머리 위에 찬물을 끼얹은 것이 다윈의 진화론이다. 얼음을 한가득 담아서.

뒤돌아보면 나 역시 다윈의 찬물 세례를 몇 년 전에 받았다. 반신반의하길 몇 년. 그러나 논문과 책 들을 읽어 볼수록 인간은 지능이 높을 뿐 타조나 숭어와 본질적으로 다르지 않은, 100퍼센트 동물임을 확신하게 되었다.

이 새로운 시각은 지난 20년간 공부해 온 행복에 대한 근본적 생각을 뒤흔들어 놓았다. 그러면서 이런 질문이 생겼다.

'인간도 동물인데, 이 동물은 왜 행복을 느끼는 것일까?'

책을 통해 이 질문에 대한 생각을 정리해 보고자 한다. 진화론은 현재 심리학에 막대한 파장을 일으키고 있다. 그런데 이 새로운 물결에 이상할 정도로 반응을 보이지 않는 연구자들이 한 부류 있다. 행복을 연구하는 사람들이다. 서양학자들 대부분은 진화론과 대조적 시각을 가졌던 한 철학자의 영향력에서 아직 벗어나지 못했기 때문이다. 아리스토텔레스다.

따라서 다윈과 아리스토텔레스의 이야기를 본격적으로 다뤄 볼 필요가 있다. 행복은 누군가에 의해 경험되어야만 성립되는 현상이고, 그 누군가는 인간이다. 그러므로 인간을 어떤 존재로 보느냐에 따라 행복의 정체도 크게 달라진다. 다윈과 아리스토텔레스는 2000년이라는 격차를 두고 살았지만, 행복을 빌미로 두 인물의 만남을 주선해 보려 한다.

3장

다윈과 아리스토텔레스, 그리고 행복

오늘 아침에도 해가 떴다. 덕분에 꽃샘추위가 조금 누그러졌고, 식물들은 광합성을 한다. 하지만 해에게 감사 편지를 쓸 필요는 없다. 태양은 우리를 따뜻하게 해 주고 꽃을 피우기 위해 뜬 것이 아니다. 물리적 법칙에 따라 지구는 자전을 하고, 내가 살고 있는 동네가 태양과 마주 보는 각도로 되돌아오면 아침이 되는 것이다.

하지만 인간의 관점에서는 우주의 모든 것이 이유와 목적이 있어 보인다. 강물은 바다를 향해 가고, 봄비는 꽃을 피우기 위해 내리는 것 같다. 이처럼 세상만사를 어떤 원인이나 목적, 계획과 결부시켜 생각하는 관점을 철학에서는 '목적론(teleology)'이라고 한다. 자연의 그 어떤 것도 그냥 존재하는 것이 아니며, 분명한 이유와 목적을 품고 있다는 생각. 이 목적론적 사고의 원조가 바로 아리스토텔레스다.

아리스토텔레스의 인생관 또한 다분히 목적론적이다. 그에게 삶은 가만히 서 있는 것이 아니라 뭔가를 추구하며 그것을 향해 나아가는 과정이다. 이때 그는 인간이 추구하는 가장 궁극적인 목표를 행복이라고 보았다. 아침 식사는 출근하기 위해, 출근은 돈을 벌기 위해, 돈은 결국 행복해지기 위한 것이다. 인간 행위의 종착지는 결국 행복이라는 것이다.

그래서 그는 행복을 'summum bonum'이라고 단정했다. 라틴어로 'summum'은 '최고'라는 뜻이고 'bonum'은 '좋다'라는 의미다. 즉, 행복은 최고의 선이 되는 것이다 (McMahon, 2006).

행복이 최고의 선이라는 기초 위에 현재의 행복 연구는 세워졌다. 이 관점에서 보면 모든 행위는 행복을 달성하기 위한 수단이다. 일상의 일들은 그 자체가 목적이 아니라 행복을 쟁취하기 위한 과정 혹은 수단이다. 하지만 이 생각은 한 철학자가 가졌던 개인적인 견해일 뿐, 과학적으로 증명된 사실이 아님을 강조할 필요가 있다. 아리스토텔레스의 행복론은 잠시 뒤에 다시 논하자.

견해와 사실은 명백히 다르다. 지구가 평평하다는 것이 중세의 지배적인 견해였지만 사실은 아니다. 사실이 아닌 생각을 바로잡는 것이 과학의 매력이고 역할이다. 물론 이 과정에서 생기는 파장은 클 수 있다. 600년 전 코페르니쿠스의 지동설로 지구가 우주의 중심이 아니라는 사실이 밝혀졌지만, 그 당시 많은 사람에게는 큰 충격이었을 것이다.

세상을 제대로 이해하기 위해서는 우선 기본적인 사실을 냉정하게 받아들여야 한다. 가령 산타클로스의 정체는 아빠라는 사실. 또 하나는 목적론적 사고를 극복하는 것이다. 캘리포니아 공과대학(Cal Tech)의 저명한 물리학자 캐럴(Carroll)의 표현대로 우리는 아무런 '이유 없는 우주(pointless universe)'에서 살고 있음을 받아들여야 한다. 그래야만 세상을 객관적으로 이해할 수 있다.

세상은 그 누군가의 계획과 목적에 의해 만들어진 것도 아니고, 인간은 더 똑똑해지기 위해 살아온 것도 아니다. 물리적 법칙과 화학반응들에 의해 발생한 것이 우주고, 생명이고, 인간이다. 그 과정에는 어떤 목적도 이유도 없다. 인간은 수천 개 부품으로 이루어진 시계보다 복잡한 존재지만, 이 복잡성 자체가 초자연적인 힘의 존재를 증명하는 것은 아니다.

명암 정도만 겨우 구분할 수 있었던 단세포동물의 '눈'은 유전적 돌연변이에 의해 생긴 작은 우연과 환경적 요인이 합쳐져 이 글을 보고 있는 인간의 눈으로까지 진화했다. 상상력을 필요로 하지만, 이런 우연과 환경적 선택의 과정을 거치면 아무리 복잡한 시계도 장대한 계획이나 포부가 없는 '눈먼 시계공'에 의해 만들어질 수 있다는 것이 진화생물학자들의 설명이다(장대익, 2008; Dawkins, 1986).

인간이 우주의 특별한 존재라는 오만에 지동설이 한 방을 날렸다면, 여기에 KO 펀치를 날린 것이 다윈의 진화론이다. 인간이 우주뿐 아니라 지구에서조차 그다지 특별한 존재가 아님을 일깨워 준 것이다. 자연의 법칙을 따라 존재하게 된 하나의 생명체. 인간은 그 이상도 이하도 아니었다.

하지만 다윈의 진화론과 아리스토텔레스의 행복론은 질적인 차이가 있다. 진화론은 다윈이라는 한 천재의 개인적 의견이나 견해가 아니다. 사실이다. 지질학, 동물학, 고고학, 화석학, 생물학, 유전학, 인류학, 심리학······ 학문을 초월해 현재까지 동원된 모든 과학적 방법들이 지속적으로 검증하고 있는 사실이다.

인간은 진화의 산물이며, 모든 생각과 행위의 이유는 결국 생존을 위함이다. 진화 과정을 의심하는 것은 마치 밤 하늘에 떠 있는 달이 혹시 거대한 호떡은 아닐까 의심하는 격이다(호떡 아니다).

다윈 대 아리스토텔레스. 중요한 대립이자 갈림길이다. 행복을 어디에 대입시켜 논하느냐에 따라 판이한 결론이 나온다. 문득 경부고속도로의 추풍령휴게소가 생각난다. 경부고속도로의 중간쯤 위치한 이곳은 상행선과 하행선이 복잡하게 뒤얽혀 있는 휴게소다. 호두과자 한 봉지 사 들고 이곳을 출발할 때 어떤 차선에 진입하느냐에 따라 세 시간 뒤의 도착 지점은 완전히 달라진다. 광화문 혹은 해운대.

행복을 탐구하는 과정에서도 이런 결정적 갈림길이 나타났다. 하나는 아리스토텔레스로 대변되는 철학에 바탕을 둔 전통적인 관점이고, 또 하나는 새롭게 개통된 진화론이라는 코스다.

그동안 추풍령휴게소에서 출발한 행복 학자 거의 대부분은 아리스토텔레스의 대로를 선택해 왔다. 이 여정에서 모양을 잡은 행복론은 다분히 목적론적이고 가치지향적이다. 삶의 궁극적 목적은 행복이며, 이것은 의미 있는 삶을 통해 구현된다는 식의 생각. '도덕책 버전'의 행복론이다.

이 책에서는 '과학책 버전'의 행복을 찾아보려 한다. 그러기 위해서는 행복에 새로운 옷을 입혀 봐야 할 것이다. 수천 년간 걸쳐 왔던 철학의 옷을 벗겨 내고, 좀 더 진화론적인 시각을 가지고 행복에 대해 생각해 보자.

진화론 코스에서 보게 되는 행복은 그동안 우리에게 익숙했던 모습과 다르다. 더 이상 8 대 2의 단정한 머리를 한 정장 차림의 행복이 아니다. 생존, 욕정, 번식과 같은 본능들과 뒤범벅된 매우 원초적인 모습이다. 행복의 실체에 더 가깝지만, 여전히 학계에서는 외면받고 있는 얼굴이다.

진화와 행복의 복잡한 실타래. 몇 문장으로 풀기에는 어려움이 있다. 그러니 우선 다윈과 진화론에 대해 조금 친숙해지자. 그리고 아리스토텔레스의 행복론을 마저 정리한 뒤, 두 관점이 왜 행복의 이해에 큰 대척점이 되는지를 생각해 보자.

진화론은 많은 에피소드를 거치며 탄생했다. 다윈의 아버지는 아들이 성직자가 되길 원했다. 그래서 다윈이 케임브리지대학에서 공부한 것은, 역설적이지만 신학이었다. 대학을 졸업한 다윈은 1831년 남미 지형 탐사에 나서는 비글호에 올랐고, 이 여행을 통해 진화론의 증거들을 수집하게 된다.

그런데 다윈이 이 운명적인 항해에 동참하게 된 이유가 재밌다. 생물학자로 정중히 초빙된 것이 아니고, 비글호 선장의 말동무가 되어 달라는 제안 때문이었다. 이 '모양 빠지는' 제안을 다윈이 거절했다면, 진화론의 창시자는 그의 동료이자 라이벌이었던 앨프리드 월리스(Alfred Wallace)가 됐을 가능성이 높다.

찰스 다윈이 가진 생각의 뿌리는 토머스 맬서스(Thomas Malthus)의 인구론이다. 그것을 통해 다윈은 모든 생명체가 번식하며 살아가기에 지구 자원이 턱없이 모자란다는 점을 깨닫는다. 자연의 질서가 유지되는 것은 누군가가 수명을 채우지 못하고 꾸준히 죽기 때문이다. 그렇다면 누가 살고 누가 죽는가? 진화론은 이 치열한 생존경쟁이 진행되는 과정을 체계적으로 설명한다.

만 50세가 되던 해, 다윈은 『종의 기원(On the origin of species)』을 출판해 수많은 종(species)의 생명체들이 어떻게 지구에 출현하게 됐으며, 어떤 과정을 통해 이들의 생존과 소멸이 갈리는지를 설명했다.

요약하자면 이렇다. 종의 각 개체는 유전적변이 등에 의해 조금씩 다른 모양과 특징을 가지고 태어난다. 60억 인구의 생김새와 성격이 서로 다르듯. 이런 특성 중 어떤 것은 특정 환경에서 생존하는 데 더 적합하고, 어떤 것은 불리하다. 후세에 대물림(유전)되는 개인 간의 '매우 사소한 모든 형태의 차이(however slightly in any manner)'가 결국 진화의 긴 과정에서 증폭되어 생존 여부를 가르게 된다는 것이다.

예를 들어 어떤 섬에서는 씨앗이 모두 단단한 껍질로 싸여 있다고 하자. 이 섬에서 태어나는 참새는 튼튼한 부리를 가지는 것이 유리하다. 이 섬에서는 부리가 큰 참새들이 많이 살아남게 되고, 그들의 후손 중에는 '큰 부리 유전자'를 가진 녀석들이 점점 많아진다. 이 과정이 수백, 수천 세대에 걸쳐 지속되면 이 섬은 결국 부리가 큰 새들의 세상이 되는 것이다. 다윈이 갈라파고스제도의 핀치새들을 관찰하며 얻은 영감이다. 간편한 이해를 위해 지극히 단순화시켰지만(다윈 선생님, 죄송) 이 과정이『종의 기원』에서 설명하고 있는 '자연선택'의 요지다.

놀라운 통찰력이지만 여전히 설명되지 않은 부분이 있었다. 어떤 생명체들은 생존에 매우 불리한 모습을 가지고 있으면서도 여전히 번성하고 있다. 공작새의 꼬리가 대표적인 예다. 우스꽝스러울 정도로 크고 화려한 공작새의 꼬리는 생존에 큰 핸디캡이 될 수 있다. 포식자의 눈에 잘 띄고, 위험 시 도피할 때도 짐이 된다. 그렇다면 이 녀석들은 왜 멸종하지 않았을까? 사실 이 질문은 다윈의 밤잠을 빼앗은 커다란 난제였다. 동료 생물학자 그레이(Gray)에게 다윈이 이런 편지를 쓸 정도였다.

"난 공작새의 꼬리를 볼 때마다 어지럽고 토가 나온다네."

하지만 이 수수께끼도 결국 다윈은 풀어낸다. 그는 생존의 목적이 단지 살아 숨 쉬는 것이 아님을 깨닫는다. 생명체는 후세에 자기의 유전자를 남겨야 하며, 이때 넘어야 할 엄청난 장벽이 성공적인 짝짓기다. 이것이 공작새가 사치스러운 꼬리를 가진 이유다. 수컷 공작새가 많은 위험을 감수하면서까지 큰 꼬리를 유지하고, 그것을 단장하는 이유는 짝짓기를 위해서다.

정말일까? 공작새가 목숨을 걸고 꼬리를 장식하는 것이 진정 짝짓기를 위한 것일까? 검증을 위해 과학자들은 수컷 공작새 27마리의 꼬리에 있는 눈 모양 무늬의 개수와 짝짓기 빈도를 기록했다(Petrie & Halliday, 1994). 무늬가 많은 공작새일수록 짝짓기 빈도가 확연히 높았다. 조금 더 정교한 검증을 위해 과학자들은 눈 모양 무늬 20개를 가위로 오려내 보았다. 놀랍게도 꼬리에 이런 '테러'를 당한 공작새들의 짝짓기 빈도는 2.5배 감소했다.

공작새 꼬리의 화려함과 짝짓기 빈도

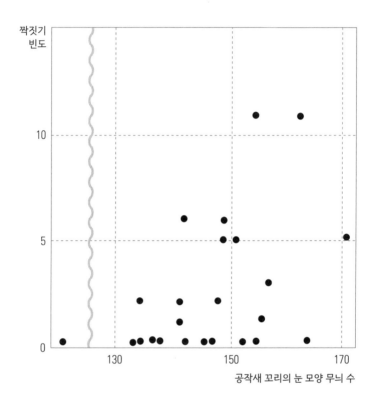

공작새 꼬리의 눈 모양 무늬 수

출처: Petrie&Halliday
(1994, Behavioral Ecology and Sociobiology, 35, 213-217)

다윈의 주장대로 꼬리는 패션 품목이 아니었다. 수컷의 화려한 꼬리는 자신이 건강하고 우월한 유전자를 가진 존재임을 암컷들에게 과시하는 상징물이다.

"이렇게 거추장스러운 핸디캡을 안고도 나는 생존할 수 있는 대단한 놈이야!" 뭐 이런 말을 하고 있는 것이다.

공작새든 인간이든 좋은 유전자를 받아야 하는 암컷은 이런 '위너 수컷'들에게 홀리게 돼 있다. 유혹하고 유혹당하고, 짝짓기에 성공하고 실패하고. 진화에서 또 한 가지 결정적 열쇠를 쥐고 있는 이 '성(性)선택' 과정을 상세하게 다룬 것이 1871년 출판된 『인간의 유래와 성 선택(The descent of man, and selection in relation to sex)』이다. 이것으로 진화론의 큰 틀이 거의 완성된다.

공작새 꼬리가 이 책의 관심사는 아니다. 하지만 공작새 꼬리는 진화론의 핵심적인 메시지를 담고 있다. 그것은 '생명체가 가진 모든 생김새와 습성은 우연의 산물이 아니라, 생존과 짝짓기를 위한 도구'라는 점이다. 너무 중요해서 다시 한번 쓴다. 동물의 모든 특성은 생존과 번식이라는 뚜렷한 목적을 달성하기 위한 도구다. 특히 '모든'이란 단어에 주목하자.

심리학은 지난 100년간 이 '모든'이라는 단어를 너무 협

소하게 해석해 왔다. 진화 과정을 새의 부리 모양, 기린의 긴 목 같은 신체 특성에 국한시켜 이해했다. 하지만 심리학(心理學)이라는 학문은 글자 그대로, 신체보다는 마음에 더 큰 관심이 있다. 어떤 신체적 특징을 가진 동물들이 멸종 혹은 생존했는지, 인간의 마음을 이해하는 것과는 무관해 보였다.

이 순진했던 심리학의 관점을 넓히는 책들이 약 20년 전부터 나오고 있다. 예를 들어 스탠퍼드대학에서 심리학 박사학위를 갓 마친 제프리 밀러(Geoffrey Miller)라는 젊은 친구가 2000년도에 내놓은 『메이팅 마인드(Mating Mind)』라는 책. 셰퍼드(Shepard)라는 대가 밑에서 공간사고를 전공했던 이 친구는 학위 후 훨씬 묵직한 질문을 던진다. 인간의 마음은 정말 '무엇을 하기 위해' 설계되었을까?

그 책의 요지는 이렇다. 창의성이나 도덕성 같은 마음의 산물들은 동물 중 인간만이 가진 특성이며, 또 바로 이런 점 때문에 인간은 동물과 질적으로 다르다고 생각하게 된다. 그러나 밀러에 의하면 인간의 마음 또한 진화의 과제를 해결하기 위해 생긴 '도구'일 뿐이다. 구체적으로 어떤 과제를?

피카소는 캔버스에, 바흐는 악보에 생을 바쳤지만, 이런 행위는 동물이 생존하기 위해 꼭 필요한 것은 아니다. 악보가 사자와 추위를 막아 주지는 못한다. 그렇다면 창의적인 노력에 담긴 본질적 의미나 목적은 무엇일까?

본인조차도 의식하지 못하지만, 상당 부분은 짝짓기를 위함이다. 이것이 밀러를 비롯한 최근 진화심리학자들이 내놓은 파격적인 대답이며, 현재 많은 학자의 지지를 받고 있는 견해다(Kenrick & Griskevicius, 2013).

공작새의 꼬리를 다시 떠올려 보자. 그 꼬리는 오직 짝짓기만을 위해 설계된 매우 거추장스러운 도구다. 바로 이 공작새 꼬리 같은 기능을 하는 것이 인간의 마음이라는 것이다. 멋진 꼬리가 공작새들의 짝짓기 경쟁에서 승부를 가르듯, 멋진 마음을 가진 자들이 인간의 짝짓기 싸움에서 우위를 점한다. 공작새는 꼬리를, 인간은 마음의 능력을 펼치지만, 밀러에 의하면 판이하게 다른 이 행위의 궁극적 목적은 동일하다. 유전자를 남기기 위함이다.

재미있는 남자. 전 세계 여자들이 꼽는 남자의 매력 포인트 중 하나가 위트다. 그러나 유머러스한 남편이 생존에 무슨 직접적인 도움이 되겠는가? 정신없이 웃느라 굶주린 사자가 나타나도 모를 텐데.

위트 자체가 생존 필수품은 아니다. 그러나 위트는 그

사람이 가진 마음의 '수준'을 나타낸다. 위트는 창의성의 표현이며, 창의성이 높은 사람은 멋진 꼬리를 소유한 '인간 공작새'가 되는 셈이다. 창의성이나 별다른 재주가 없는 수컷에게 남는 옵션은 하나다. 다이아몬드같이 값비싼 돌을 사 주는 것이다.

피카소를 예로 들어 보자. 3만여 점의 다양한 미술 작품을 남긴 그는 이런 말을 했다.

"단지 예술가의 작품만을 아는 걸로는 부족하다. 그가 언제, 왜, 어떤 이유로 그 작품을 남겼는지 이해해야 한다."

좋소, 피카소 선생. 당신은 왜 그토록 많은 그림을 남겼소? 그의 개인사를 보면 답이 나온다. 그는 한결같은 꾸준함을 가진 사람이 아니었다. 붓을 한참 내려놓고 있다가 갑자기 예술적 창의력이 폭발하곤 했다. 이 광적인 시기는 그의 삶에 새로운 여인이 등장하는 시점들과 일치한다. 창의성과 로맨스의 궁합. 피카소만의 얘기가 아니다. 살바도르 달리, 단테, 구스타프 클림트, 일반 대학생들…… 모두 마찬가지다.

한 연구에서는 남학생들에게 만화 한 장면을 보여 주고, 그 밑에 최대한 재미있는 캡션을 붙이도록 했다 (Griskevicius, Cialdini, & Kenrick, 2006). 동기유발을 위해 한쪽에는 재미있을수록 더 큰 상금을 주겠다는 약속을 한다(돈 조건). 다른 쪽에는 그냥 멋진 여인과 해변을 걷는 상상만을 하게 했다(연애 조건). 각 조건에서 참가자들이 쓴 캡션을 다른 사람들에게 읽힌 뒤, 그것이 얼마나 재치 있는지 채점하도록 했다.

돈을 통해 동기유발을 시킨 쪽보다 연애 조건에서 나온 생각들이 더 재미있었다. 심리학자들이 이 현상에 붙인 이름은 매우 적절하다. '피카소 효과(Picasso Effect).' 여성들이여, 남자가 왜 그렇게 애써 썰렁한 농담을 하는지 넓은 마음으로 이해해 주길.

행복의 중요한 포인트를 전달하기 위해 다윈에서 피카소까지 돌았다. 원점으로 다시 가자. 아리스토텔레스는 일찍이, 행복은 삶의 궁극적인 목적이라고 단언했다. 행복을 뭔가를 위한 수단이나 도구가 아니라, 모든 인생사가 향하는 최종 종착지로 보았다. 이 철학적 관점이 빚어낸 행복의 모습이 2000년간 큰 흔들림 없이 유지되어 왔고, 이것은 여전히 많은 사람이 행복에 대해 갖고 있는 시각이다.

그러나 이 오랜 관점과 진화론은 정면 대립한다. 앞서 보았듯 진화론적인 관점에서 인간의 모든 특성은 생존을 위해 최적화된 도구다. 밀러에 의하면, 신체적 특성뿐 아니라 고차원의 정신적인 특성도 이 '생존 도구'의 역할을 한다.

피카소는 창의력을 발휘하기 위해 산 것이 아니다. 보다 진화론적인 해석은 피카소라는 한 생명체가 그의 본질적인 목적(유전자를 남기는 일)을 위해 창의력이라는 도구를 사용했다고 보는 것이다. 마음의 정신적 산물들은 사실 몸의 번성을 위한 도구인 것이다.

드디어 결정적인 질문을 던질 때가 왔다. 행복감 또한 마음의 산물이다. 창의력과 마찬가지로 행복도 생존을 위한 중요한 쓰임새가 있는 것은 아닐까? 행복은 삶의 최종 목적이라는 것이 철학자들의 의견이었지만, 사실은 행복 또한 생존에 필요한 도구에 불과한 것은 아닐까? 마치 피카소의 창의성 같은?

우리의 대화를 듣고 있는 두 사람의 표정이 엇갈린다. 약간 당혹감을 보이는 아리스토텔레스 선생. 반면 다윈 선생은 슬쩍 미소를 머금는 것 같다.

"훗, 이제야 뭔가 감을 잡는군."

4장

동전 탐지기로 찾는 행복

인간이 현재 가진 신체적 모습과 생각, 감정. 이는 우연히 갖게 된 특징이 아니다. 앞에서 설명했듯 모두 생존에 도움이 되기 때문에 보유하게 된 특성이다.

그렇다면 행복이라는 감정은 생존에 어떤 도움을 줄까? 다시 말해 인간은 왜, 또 무엇을 위해 행복감을 느낄까? 중요하고도 흥미로운 질문이지만, 학계에서도 아직까지 이 질문에 대해 별로 큰 고민을 하지 않는다.

사실 지금까지 심리학은 '왜(why)'라는 질문을 자주 던지지 않았다. 많은 심리학 연구들은 '어떻게(how)'라는 질문에 걸맞은 해답을 제공했다. 어떻게 성격이 형성되는지, 입체감은 어떻게 지각하는지.

그러나 최근 심리학에 진화론적 관점이 확산되면서

"왜?"라는 본질적인 질문을 여기저기서 던지기 시작했다. 왜 아기들은 귀엽게 생겼을까? 왜 인간은 뒷담화를 할까? 왜 남자와 여자의 사고 방식은 그토록 다를까?

행복에 대해서도 '왜'라는 질문을 던질 때가 왔다고 생각한다. 왜 인간은 행복을 느끼는가? 사실 여기에 대한 답이 이 책의 핵심 내용이다. 내 생각을 밝히기 전에, 독자들도 곰곰이 한번 생각해 봤으면 한다. 인간은 왜 행복감을 경험할까? "행복하면 좋으니까" 혹은 "중요하니까" 같은 성의 없는 대답은 정중히 사양한다.

오랜 시간 행복을 공부했지만 나도 "행복은 왜?"라는 질문을 진화론을 접하면서 갖게 되었다. 이 질문에 대한 내 나름의 생각들이 이제 조금씩 정리되는 것 같고, 이것을 더 많은 사람과 나누기 위해 이 책을 쓰게 되었다. 특히 행복은 '비움' '감사' '느림'이라는 공허한 지침들에 지친 이들과.

결론부터 말하자면, 인간은 행복해지기 위해 태어난 것이 아니라 생존을 위해 만들어진 동물이다. 조금 더 냉정하게 표현하자면 인간은 생존 확률을 최대화하도록 설계된 '생물학적 기계'고, 행복은 이 청사진 안에서 아주 중요한 역할을 한다. 구체적으로 무슨 역할을 하는 것일까? 또 이것을 이해하는 것이 왜 중요할까? 이야기를 조금 쉽게 풀기 위해 개 한 마리를 등장시켜 보자.

개에게 인간은 조물주나 다름없다. 불과 1만 5000년 전만 해도 개라는 동물은 지구상에 존재하지 않았다. 인간이 일부 온순한 늑대들과 조심스럽게 교류를 시작했고, 그 후 인간이 그 늑대로부터 다양한 품종의 개를 탄생시켰다. 식용 목적의 치와와, 사냥 도우미 리트리버, 영혼이 담긴 스누피를.

그래서 개들의 단군신화에는 인간이 등장할 것이다. 그렇지 않고서 어찌 그토록 인간에게 충직할 수 있겠는가. 온종일 방구석에 금붕어와 함께 내버려둔 주인을 매일 저녁 날뛰며 반겨 주니 말이다.

개의 입장에서 보면 인간은 무척 이기적이다. 눈썰매를 끌라 하고, 마약 탐지를 시키고, 집 지키는 것도 모자라 온갖 쓸데없는 개인기까지 보여 달라고 조른다. 신문도 몇 번 물어다 주고 두 발로 서서 놀아 주지만, 항상 더 엽기적인 것을 원하는 눈치다. 캘리포니아 해변에 사는 주인을 만나면 서핑을 강요당할지도 모른다. 이건 뭐, 끝이 없다.

하지만 이 철없는 개 주인의 입장은 이렇다. 공놀이도 하루 이틀이고, 뭔가 기막힌 재주를 가르치고 싶다. 미개

척 분야인 서핑을 택한다. 문제는, 어떻게? 서핑은커녕 바다에 들어가는 것조차 꺼리는 개를 어떻게 서퍼로 만들 수 있을까? 다행히 주인은 자기 개가 세상에서 가장 좋아하는 것을 알고 있다. 특이하게도 그것은 새우깡이다. 갑자기 희망이 생긴다.

주인은 새우깡의 힘을 빌려 자신이 원하는 행동(서핑)을 단계적으로 이끌어 낼 수 있다. 우선 개가 물가로 오면 새우깡을 주고, 그다음엔 물에 발을 담그면 준다. 여기까지 숙련되면 개가 서핑보드에 올라와야 새우깡을 주고, 마지막으로 그 위에서 균형을 유지해야 준다. 심리학자들은 이같은 '조형(shaping)'이라는 원리를 이용해 비둘기가 탁구를 치고, 개가 피아노를 치게 만든다.

결국 개는 서핑을 하게 된다. 여기서 강조하고 싶은 것이 새우깡의 절대적 역할이다. 이렇게 특정 반응(서핑에 필요한 단계적 행동들)을 증강시키는 자극(새우깡)을 심리학에서는 '강화물'이라고 부른다. 새우깡이라는 이 강력한 강화물이 없다면 개의 서핑 묘기는 탄생할 수 없다.

묘한 점은 이것이다. 개는 서핑을 하겠다는 생각을 한 번도 한 적이 없다. 그런데 자기도 모르게 서핑을 하고 있다. 개의 유일한 관심사는 새우깡이었고, 이것을 먹기 위

서핑하는 개, 이 놀라운 묘기는 새우깡 하나에서 시작되었다.

한 행동이 어느새 서핑으로까지 발전한 것이다.

그러면 개는 왜 그토록 새우깡을 먹으려고 했을까? 새우깡 자체가 아니라, 그것을 먹을 때 개의 뇌에서 유발되는 쾌감 혹은 즐거움 때문이다. 개는 이 쾌감을 다시 느끼기 위해 새우깡을 계속 원하게 된 것이고, 그 과정의 누적이 서핑으로 결실을 맺은 것이다.

사실 나는 개도 서핑도 관심 없다. 하지만 이 예시는 내가 생각하는 행복의 본질적 속성을 아주 쉽게 설명한다. 한마디로 행복의 본질은 개에게 서핑을 하도록 만드는 새우깡과 비슷하다. 차이점은 인간의 궁극적 목표가 서핑이 아니라 생존이라는 점이다. 서핑과 생존. 차원이 다른 두 목표지만 이것을 달성하기 위해서는 수단이 필요하다. 개 주인이 사용한 수단은 새우깡이었다. 그렇다면 인간이 생존에 필요한 행동을 하도록 만드는 것은 무엇일까?

자연은 기막힌 설계를 했다. 내 생각에, 개에게 사용된 새우깡 같은 유인책이 인간의 경우 행복감(쾌감)이다. 개가 새우깡을 얻기 위해 서핑을 배우듯, 인간도 쾌감을 얻기 위해 생존에 필요한 행위를 하는 것이다.

쉽게 생각해 보자. 인간이 음식을 먹을 때, 데이트를 할 때, 얼어붙은 손을 녹일 때 '아 좋아, 행복해'라는 느낌을 경험해야 한다, 반드시. 그래야만 또다시 사냥을 나가고, 이성에 대한 관심을 갖는다.

먼 옛날 어떤 남자가 고기나 여자에는 전혀 관심이 없고, 오직 나무의 나이테를 셀 때만 묘한 즐거움을 느꼈다고 치자. 눈만 뜨면 밥도 안 먹고 나가서 나무를 자른다. 그는 성인기까지 살아남을 가능성이 희박하다. 살아남는다 해도 '나이테 동호회'에서 어느 정신 빠진 여자를 만나기 전에는 유전자를 남길 수가 없다.

우리는 이런 기이한 라이프스타일을 가진 자들의 후손

이 아니다. 호모사피엔스 중 일부만이 우리의 조상이 되었는데, 그들은 목숨 걸고 사냥을 하고 기회가 생길 때마다 짝짓기에 힘쓴 자들이다. 무엇을 위해? 삶의 의미를 찾아서? 자아 성취? 아니다. 고기를 씹을 때, 이성과 살이 닿을 때, 한마디로 느낌이 완전 '굿'이었기 때문이다.

우리의 조상이 된 자들은 이 강렬한 기분을 느끼고 또 느끼기 위해 일평생 사냥과 이성 찾기에 전념했다. 이 과정에서 그들은 자신의 유전자를 남기게 된다. 유전자를 퍼뜨리려는 거창한 포부 때문이 아니라, 개가 새우깡을 통해 얻는 쾌감을 인간도 최대한 자주, 많이 느끼기 위해 고기와 이성에 몰두한 것이다. 덕분에 그들은 지금 이 글을 쓰고 읽고 있는 우리에게 성공적으로 유전자를 전달했다.

"행복감을 인간이 왜 느낄까?"라는 질문으로 이 장을 시작했다. 여러분은 어떤 대답을 했을지 궁금하다. 나의 간결하고도 건조한 답은 "생존, 그리고 번식"이다. 아무리 쥐어짜 봐도 낭만이라고는 한 방울도 나오지 않을 이런 얘기를 나는 왜 굳이 주장하는가?

지금까지 행복을 연구하는 학자들을 포함해 사람들 대부분은 행복을 너무 로맨틱하고 관념적인 관점에서 바라

보고 있다. 아리스토텔레스 이후 이런 '행복 신비주의'가 탄생했을 것이다. 앞에서 말했듯 그는 행복이 최상의 선이라고 규정하며 존재의 최종적인 이유와 목적이 행복이라고 주장했다. 많은 사람에게 익숙한 생각이다. 모든 것은 결국 행복해지기 위해서라는.

이 생각이 틀렸다는 건 아니다. 다만 상당히 인간 중심적이고 비과학적인 생각이다. 벌집을 비집고 들어가 벌들에게 존재의 이유를 물으면, 그 녀석들은 아마도 한목소리로 "꿀"이라고 외칠 것 같다. 역시 틀렸다기보다는 벌의 관점에서 좁게 생각하고 있는 것이다. 하지만 자연의 대법칙에 스티븐 호킹(Stephen Hawking) 박사가 쓰는 확성기를 대면 이런 말이 나올 것이다.

"아아- 주목. 인간과 벌, 특히 인간. 모든 생명체의 최종 목적은 행복도 꿀도 아니란다. 오직 하나, 생존이다."

그렇다. 생명체는 행복하기 위해 사는 것이 아니다. 호모사피엔스의 존재 이유도 벌, 선인장, 꽃게와 마찬가지로 생존이다. 당연한 얘기다.

하지만 이것을 행복과 연결시키면 당연하지 않은 결론이 나온다. 이 새로운 관점으로 보면 행복은 삶의 최종적인 이유도 목적도 아니고, 다만 생존을 위해 절대적으로 필요한 정신적 도구일 뿐이다. 행복하기 위해 사는 것이 아니라, 생존하기 위해 필요한 상황에서 행복을 느껴야만 했던 것이다.

행복은 생존을 위한 도구라……. 무슨 말인지 알 것 같기도 하면서 여전히 아리송할 것이다. 새우깡에 밀려 아직까지도 이 도구의 구체적인 작동 원리를 살펴볼 기회가 없었다. 지금부터 이것에 대해 이야기해 보자.

행복이 생존을 위한 도구라면, 이 도구는 일상에서 어떻게 작동할까? 다시 한번 예시의 힘을 빌리자. 혹시 '동전 탐지기'라는 기계를 본 적이 있는지?

캘리포니아 해변 근처에서 몇 년간 살았던 적이 있다. 가끔 해변가에 나가면 귀에 헤드폰을 끼고 쇠꼬챙이로 모래를 들쑤시며 다니는 사람들을 보곤 했다. 남들이 해변에 흘린 동전이나 반지 같은 귀중품을 찾는 무척 한가한 분들이다. 이들의 필수 장비가 동전 탐지기다.

동전 탐지기의 원리는 간단하다. 탐지기에 달린 긴 쇠막대가 금속에 가까워지면 헤드폰에서 신호가 울린다("삐-" 소리라고 하자). 동전에 가까워질수록 크고 빠르게. 즉, '삐' 소리는 기계의 주인이 찾는 동전이라는 목표물로 이끄는 역할을 한다. 주인이 찾는 것은 동전(목표)이고, 신호음은 그것을 추적하는 데 도움이 되는 수단이다.

자, 여기서 좀 황당한 상상을 한번 해 보자. 어떤 최신형 동전 탐지기가 등장해 동전에 접근할 때, '삐'라는 신호음 대신 중독성 있는 음악을 들려준다고 하자. 혹시 이런 경우 동전을 찾게 해 주는 신호(음악) 자체에 매료되는 사람은 없을까? 아니, 한발 더 나아가 음악 대신 아예 뇌에 미세한 쾌감을 준다면?

주객이 전도되는 상황이 충분히 일어날 수 있다. 탐지기 주인이 자기의 원래 목적(동전)보다 그 목적 달성을 위한 신호(쾌감)에 더 관심을 갖게 되는 경우 말이다. 황당한 상상이 아닐 수도 있다. 왜냐하면 행복을 좇는 우리 모습이 어쩌면 이 같은 주객전도의 상황과 비슷하기 때문이다. 무슨 말일까?

우리 뇌는 단백질로 만들어진 일종의 동전 탐지기라고 할 수 있다. 무엇을 찾는가? 동전보다 훨씬 중요한 것을 찾는데, 그게 뭔지는 다음 장에서 구체적으로 생각하기로 하자.

어쨌든 이 중요한 보물로 우리를 인도하기 위해 뇌 또한 어떤 신호를 방출해야 한다. 찾는 것이 너무나 중요하기에

뇌 속의 행복 탐지기에서 신호가 올리는 순간, 인간은 쾌감을 느낀다.

소리로는 부족하다. 훨씬 강력한 신호가 필요하다. 한번 경험하면 그 신호에 중독될 만큼. 그런 것이 있을까?

심리학사에 남은 유명한 연구가 하나 있다. 1954년 캐나다 맥길대학의 신경과학자 제임스 올스(James Olds)와 피터 밀너(Peter Milner)는 쥐의 학습행동 연구 중 우연한 발견을 했다. 실수로 쥐 뇌의 시상하부를 미세한 전극으로 자극했는데, 이후 쥐들은 이 자극을 받았던 장소로 계속 되돌아가려고 했다. 그곳에서 뭔가 대단히 좋은 경험을 한 것이다. 연구자들이 상황을 다시 분석하면서 알게 된 사실은 쥐들이 되돌아가려는 그 장소에서 뇌의 '쾌감센터(pleasure center)'가 우연히 자극을 받았다는 것이었다.

이후 스스로 쾌감센터를 자극할 수 있는 지렛대를 만들어 주고 쥐의 행동을 관찰했다. 자위적인 쾌감을 느끼기 위해 쥐들은 식음을 전폐하고 지렛대를 두드렸다. 1시간에 무려 7000번을 두드리다 거품을 물고 쓰러지는 쥐들이 생겨났다. 지렛대를 누르기 위해 치명적인 전류가 흐르는 바닥을 건너기도 하고, 어미 쥐들은 갓 태어난 새끼들도 잊은 채 두드리고 또 두드렸다(Linden, 2011). 금붕어, 원숭이, 돌고래의 뇌에서도 이런 쾌감센터가 발견됐다(Berridge & Kringelbach, 2013).

모든 동물의 뇌가 가진 중요한 역할 중 하나가 바로 이런 쾌(快) 혹은 불쾌의 경험을 즉각적으로 구분하고 만들어 내는 것이다. 인간이 느끼는 쾌감은 뇌의 여러 부위가 만들어 내는 합작품이지만, 역시 시상하부가 큰 역할을 한다. 그리고 쥐와 마찬가지로 쾌감과 연합된 경험을 기억 속에 확실히 남겨 놓는다. 첫사랑, 그때 그곳, 그 맛을 절대 잊지 못하게 만든다. 나의 쾌감전구를 켜는 것 중 하나는 평양냉면이다. 평양냉면 지렛대가 없길 다행이다.

쾌의 느낌에 우리가 붙이는 명칭은 상황에 따라 다르다. 기쁘다, 재미있다, 통쾌하다, 즐겁다, 신난다, 좋다……. 그러나 모두 쾌가 원료인 경험이고, 이들은 행복감의 가장 기초적인 재료가 된다. 이런 쾌의 전구가 켜지며 발생하는 여러 세세한 감정을 묶어 심리학에서는 '긍정적 정서 (pleasant emotions)'라고 한다. 반대로 불쾌에 바탕을 둔 여러 감정(분노, 슬픔, 두려움, 외로움 등)을 묶어 '부정적 정서 (unpleasant emotions)'라고 부른다.

문화, 나이, 성별에 관계없이 모든 인간의 감정은 쾌 혹은 불쾌의 두 바구니 중 하나에 반드시 담긴다(Larsen & Diener, 1992). 그래서 그리스시대의 철학자부터 오늘날 행복 연구자들까지 쾌와 불쾌의 상대적인 비율을 행복의 중요한 기준으로 생각한다(Diener, Suh, Lucas, & Smith, 1999).

행복의 핵심은 부정적 정서에 비해 긍정적 정서 경험을 일상에서 더 자주 느끼는 것이다. 이 쾌락의 빈도가 행복을 결정적으로 좌우한다(Diener, Sandvik, & Pavot, 1991). 많은 현대인의 삶이 행복 과녁을 제대로 못 맞히는 이유가 쾌락의 중요성을 과소평가하기 때문이다. 책 말미에 다시 다루게 될 포인트다.

왜 모든 동물은 쾌와 불쾌의 잣대로 경험을 나누는 것일까? 생존과 밀접한 결정들을 효율적으로 처리하기 위해서다(Grinde, 2012). 쾌와 불쾌의 신호는 우리를 위험으로부터 보호하고 기회를 포착하도록 응원한다. 뱀, 절벽, 사기꾼, 썩은 음식. 치명적인 위협들이다. 이때 우리의 뇌는 두려움이나 역겨움 같은 불쾌의 감정을 유발시켜 '위험하니 피하라'라는 메시지를 전달한다. 감정은 그 어떤 매체보다 즉각적이고 강력하며 효율적이기 때문이다. 그러나 단지 위험을 피하는 것만으로는 장기적으로 생존할 수 없다.

비옥하지만 가 보지 않은 낯선 땅, 매력적인 이성, 절벽에 붙어 있는 꿀이 가득한 벌집. 지금 당장 손에 쥐지 못한다고 실신하는 것은 아니다. 하나 장기적 생존을 위해서는 이런 자원을 확보해야 한다. 번호표를 쥐고 기다린다고 갖게 되는 것도 아니다. 두렵지만 길을 나서야 하고, 고단하지만 열 번을 찍어 봐야 한다.

이것은 엄청난 의욕과 에너지를 요구한다. 따라서 그 노력에 상응하는 강력한 보상이 필요하다. 쾌감을 유발하는 정서들이 바로 이런 역할을 한다. 희열, 성취감, 뿌듯함, 자신감. 이런 치명적 매력을 가진 경험을 한번 맛보면 또다시 경험하고 싶어진다. 그것을 유발시킨 모든 사건, 물체, 장소, 사람을 또 찾아 나선다. 올스와 밀너 실험의 쥐들처럼. 스스로 인식하든 못하든 이 과정에서 자신의 장기적인 생존 확률은 높아진다.

간단히 요약하면, 쾌와 불쾌의 감정은 나설 때와 물러설 때를 알려 주는 '생존 신호등'이다. 불쾌의 감정은 해로운 것으로부터 우리를 보호하는 '빨간 신호등'이다. 이 신호를 무시하면 몇 번은 운 좋게 살 수 있어도 결국에는 비극적인 종말을 맞는다. 쾌의 감정들은 '파란 신호등'이고 행복은 이런 경험에 바탕을 두고 있다. 생존에 유익한 활동이나 생각을 하고 있을 때, 그 일에 계속 매진하라고 알리는 것이 쾌의 본질적 기능인 것이다(Nesse & Ellsworth, 2009).

정리를 해 보자. 우리 뇌도 동전 탐지기처럼 뭔가를 찾도록 해 주는 역할을 한다. 무엇인가 손에 쥐기 위해서는 그것을 찾으려는 의욕이 필요하고, 또 그 목표물에 얼마나 접근했는지를 알려 주는 신호가 필요하다. 우리 뇌가 발생시키는 쾌감이 바로 그 두 가지 기능을 한다. 행복한 사람은 쉽게 말해 이 쾌감 신호가 자주 울리는 뇌를 가진 자다. 동전 탐지기의 신호가 아무 때나 울리지 않듯 행복 전구도 선별적으로 켜진다.

질문은 이렇게 좁혀진다. 그렇다면 우리 뇌의 행복 전구는 언제, 그리고 무엇에 접근할 때 가장 확실하게 켜질까? 옥수수 알갱이들이 뜨거운 불을 만나야 팝콘으로 터지듯 우리 뇌의 행복 전구들도 찾고 있는 '그것'에 근접할 때 켜진다.

뇌가 꾸준히 찾는 그것, 혹은 그것들은 도대체 무엇일까? 뇌의 유일한 관심사는 생존이라는 점이 결정적 힌트다. 행복 전구는 언제 켜질까? '우리는 언제 행복을 느낄까?'와 같은 질문이다.

5장

결국은 사람이다

————————

 뉴욕 맨해튼, 세상에서 가장 다양한 사람들이 오가는 곳
이다. 하지만 군중 속에서 고독은 더 커진다고 했던가.

 2011년 가을, 맨해튼에 살고 있던 제프 렉스데일(Jeff
Ragsdale)이라는 39세 남자는 여자 친구와 헤어진 뒤 외로
움에 몸부림치고 있었다. 가족도 친구도 없던 그는 망망대
해 같은 세상에 구조 신호를 보냈다. 노란 종이 한 장에 자
기 전화번호와 간단한 문장 하나를 적어 맨해튼 곳곳에 붙
인 것이다.

 '뭐든 대화하고 싶은 사람은 저에게 전화하세요. 외로운
제프.'

 그 후 놀라운 일이 벌어졌다. 단 몇 명이라도 대화 상대
가 생기길 바라던 그에게 실제 연락을 한 사람은 무려 7만

명. 뉴욕은 물론 영국, 캐나다, 나이지리아, 말레이시아, 심지어 한국에 사는 사람들까지도 제프를 찾았다. 자신도 외롭다는 하소연과 함께 힘내라는 응원 메시지도 줄을 이었다. 사람에게 가장 필요한 건 사람이다.

인간이 경험하는 가장 강렬한 고통과 기쁨은 모두 사람에게서 비롯된다. 사랑하는 사람의 죽음, 이별, 짝사랑……. 인간을 시름시름 앓게 하는 고통스러운 경험이다. 하지만 인간이 느끼는 가장 강력한 기쁨 또한 사람을 통해 온다. 사랑이 싹틀 때, 오랜 이별 뒤의 만남, 칭찬과 인정……. 그래서 시대와 문화를 막론하고 인간이 치르는 가장 성대한 의식들은 사람과의 만남(결혼, 탄생) 혹은 이별(장례)을 위함인 것이다.

왜 이토록 인간은 서로를 필요로 할까? 사람이 꽃보다 아름다워서가 아니라 막대한 문제가 걸려 있기 때문이다. 바로 생존. 세상에 포식자들이 있는 한, 모든 동물의 생존 확률은 다른 개체와 함께 있을 때 높아진다.

물소들은 사자들이 우글거리는 아프리카 초원을 수십만 마리 동료들과 함께 횡단한다. 서로 잡담하기 위해서가 아니라 살아남기 위해서. 매가 혼자 있는 비둘기를 습격할

'대화하고 싶은 사람은 누구든 전화 주세요. 외로운 제프.'
이 쪽지 하나에 전화 7만 통이 걸려 왔다.

때 사냥에 성공할 확률은 약 80퍼센트다. 하지만 비둘기가 다른 친구 10마리와 함께 있을 때는 60퍼센트, 50마리와 함께할 때는 10퍼센트 이하로 매의 사냥 성공률이 떨어진 다(Trivers, 1985).

사람도 마찬가지다. 시카고대학의 카시오포(Cacioppo) 교수 팀의 오랜 연구에 의하면 현대인의 가장 총체적인 사망 요인은 사고나 암이 아니라 외로움이다(Cacioppo & Patrick, 2008).

동료의 존재는 식량 확보라는 생존 과제 해결에도 필요한 자원이다. 많은 동물은 사냥을 나가서 빈손으로 돌아오기 일쑤다. 가축의 피를 주식으로 하는 흡혈박쥐(vampire bats)의 경우, 어미가 피를 구하지 못한 날은 새끼들의 배를 채우기 위해 이웃집 박쥐에게 피를 빌린다. 물론 빌린 피는 사정이 좋은 날 반드시 갚는다(Buss, 2011). 진화의 여정에서 집단에서 소외된 동물은 이 같은 '비상식량 장치'가 부족했고, 결국 이것은 죽음으로 연결됐다.

짝짓기라는 궁극적인 생존 과제를 해결하기 위해서도 타인이 필요하다. 포유류는 자기 혼자 유전자를 남길 수 없다. 아무리 사냥을 잘해도 짝짓기 상대가 없는 동물은 지구에서 사라졌다. 현대 생활은 맹수나 배고픔의 위협으로부터는 비교적 자유롭지만, 여전히 짝짓기는 절대적인 생존 과제로 남아 있다.

미국에 있을 때 BMW 자동차 CF를 인상적으로 본 적이 있다. 광고 내내 멋진 차 한 대가 '슝' 하고 달린다. 마지막에 굵은 바리톤 목소리가 "The ultimate driving machine"이라는 문구를 읽으며 광고는 끝난다(굳이 번역하면…… 궁극의 운전 기계?). 단순하지만 BMW의 이미지를 잘 압축하고 있다.

인간의 본성을 압축한다면 나는 "The ultimate SOCIAL machine"이라고 표현하고 싶다. 사회성은 인간의 생사를 좌우하는 가장 독보적인 특성이다. 최근 여러 분야의 석학들이 이구동성으로 주장하는 결론이다.

미국 다트머스대학의 마이클 가자니가(Michael Gazzaniga) 교수는 세계에서 가장 저명한 뇌과학자로 꼽힌다. 최근 그는 자신의 책에서 큰 질문 하나를 던졌다. 인간의 뇌는 도대체 무엇을 하기 위해 설계되었을까? 일평생의 연구를 토대로 그가 내린 결론은 '인간관계를 잘하기 위해서'다 (Gazzaniga, 2008).

그는 인간이 '뼛속까지 사회적이다(social to the core)'라는 표현을 썼다. 남을 설득하고, 속이고, 속마음을 이해하고……. 뇌의 최우선적 과제는 사람 간의 이런 복잡 미묘한 일들을 해결하는 것이다.

옥스퍼드대학의 인류학자 로빈 던바(Robin Dunbar) 교수의 생각도 이와 비슷하다(Dunbar, 1998). 오랜 진화 과정 중 어떤 큰 변화가 호모사피엔스의 뇌 발달에 기여했을까? 진화 과정에서 일어난 주요 사건들과 유골의 크기 변화를 비교해 보면 결론이 나온다. 인간의 뇌가 급격히 커진 시기는 함께 생활하던 집단의 크기가 팽창할 때와 맞물려 있다.

10여 명의 소규모 집단에서 생활하던 인간이 정글을 나와 초원 생활을 하며 집단의 크기는 약 150명 정도로 커졌다. 낯선 이들과의 교류가 증가했고, 이들이 마음속에 숨긴 생각과 의도를 파악하기 위해 더 높은 지능이 필요하게 됐다. 이처럼 인간의 뇌를 성장시킨 기폭제는 타인의 존재였다는 것이 최근 널리 각광받는 던바 교수의 '사회적 뇌 가설(social brain hypothesis)'의 핵심이다.

인간을 가장 인간스럽게 만드는 뇌. 한마디로 사람들과의 관계를 잘 맺기 위해 뇌가 발달했다는 것이다. 인간이 인공위성을 띄우고 힉스입자를 발견했지만, 이런 위업들은 사실 사회적 과제를 해결하기 위해 똑똑해진 뇌에서 나온 부산물이라고 볼 수 있다.

그래서 '비사회적' 과제들은 그토록 낯설다. 골프를 치기 위해서는 학습과 노력이 필요하다. 골프는 뇌가 디자인된 원래 목적과 거리가 멀기 때문이다. 마찬가지로 수학 학원은 골목마다 있지만, '짝사랑하기' '배신으로 상처받기' 같은 학원은 없다. 뇌의 원래 용도는 연애를 하고 친구와 사귀는 것이지, 이차방정식을 푸는 것이 아니기 때문이다.

중요한 점은 이렇게 철저히 사회적인 뇌가 21세기를 사는 우리의 일상을 여전히 주도한다는 것이다. 내 생각엔, 행복한 사람은 바로 이 고지식한 사회적 뇌를 잘 '이용'하는 자들이다. 이 내용은 뒤에서 자세히 살펴보기로 하자.

정리를 한번 하자. 호모사피엔스라는 동물의 진화 여정에서 집단으로부터의 소외나 고립은 죽음을 뜻했다. 뒤집어 말하면, 우리의 조상이 된 사람들은 연인과 친구들을 항상 곁에 두고 살았던 매우 사회적인 사람들이었다. 우리는 사회적 인간의 유전자를 받았고, 그것을 통해 '사회적 생존 비법'을 전수받았다. 이 '생존 비법 패키지'를 뜯어 보면 두 가지 중요한 내용물이 나온다.

하나는 '고통'이라는 경험이다. 고통을 경험하지 못하는 동물은 오래 살 수 없다. 다리에 박힌 못이 아프지 않으면 치료하지 않을 것이고, 결국 목숨까지도 잃을 수 있다. 생존에 위협이 되는 작은 불씨를 미리 끄는, 일종의 호루라기 소리가 고통이다. 상처 난 다리가 아픈 이유는 "TV 제발 그만 보고 다리 좀 치료해!"라고 뇌가 고함을 치고 있기 때문이다.

그러나 고통의 정확한 진원지는 다리가 아니라 뇌다. 못이 박힌 순간, 뇌의 전방대상피질(anterior cingulate)이라는 부위가 활성화되고, 이것이 고통이라는 신호로 바뀌어 우리에게 전달된다. 진통제가 효력 있는 이유는 그 속에 함유된 아세트아미노펜(acetaminophen) 성분이 전방대상피질을 비활성화시키기 때문이다. 치통 때문에 진통제를 먹는 것은 이가 아픈데 반창고는 머리에다 붙이는 격이다. 정말 아픈 곳은 뇌기 때문에.

다리가 잘려 나가는 것만큼 인간의 생존을 위협한 것이 집단으로부터 잘려 나가는 것이었다. 이때 뇌는 '사회적 고통'이라는 기제를 사용해 그 위협을 우리에게 알렸다. 외로움, 배신감, 이별의 아픔. 인간관계에 금이 가는 신호가 보일 때 뇌는 이런 마음의 아픔을 느끼도록 했고, 그 덕분에 더 치명적인 고립을 미연에 방지할 수 있었다.

신체적 고통과 사회적 고통, 원인은 달라도 기능은 같다. 생존에 위협이 되는 상황이 발생하고 있으니 조치를 취하라는 신호다. "너 아직도 TV 보니? 당장 나가서 여자친구 붙잡아!" 사회적 고통이 전하는 메시지다.

그렇다면 손가락이 잘릴 때와 애인이 떠날 때의 고통, 어느 쪽이 더 심할까? 수년 전 '총 맞은 것처럼'이라는 곡이 노래방을 휩쓴 적이 있다. 이별의 아픔이 총 맞은 것처럼 아프다는, 뭐 그런 내용. 그 누구도 이 가사를 액면 그대로 해석하진 않는다.

그러나 최근 연구들은 두 가지 고통이 크게 다르지 않다는 것을 보여 준다. 뇌 영상 사진을 보면 신체적·사회적 고통은 동일한 뇌 부위에서 발생한다(Eisenberger, Lieberman, & Williams, 2003). 손이 잘리든, 애인이 떠나든 뇌는 똑같은 곳에서 비상경보를 발동한다. 둘 다 생존을 위협한다는 점에서는 차이가 없다는 뜻이다.

최근에 다소 엽기적인 논문이 발표됐다. 논리적으로 신체적·사회적 고통이 같은 뇌 부위에서 발생한다면, 이 두 가지 고통을 줄이는 방법도 동일할까? 몸이 아플 때 우리는 진통제를 먹는다. 그러면 마음이 아플 때도 진통제가 효력이 있을까?

타이레놀 복용과 마음의 상처 변화

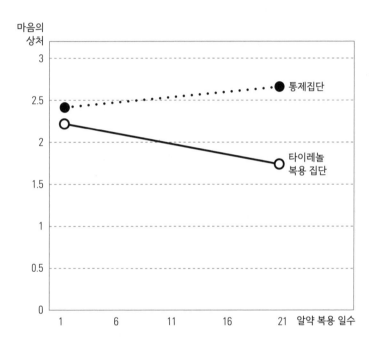

마음의
상처

알약 복용 일수

통제집단

타이레놀
복용 집단

출처: Dewall et al.(2010)

심리학자 네이선 드월(C. Nathan DeWall)과 동료들은 이 가능성을 검증하기 위해 대학생 62명을 모집해 그들이 느낀 사회적 고통의 정도를 21일 동안 기록하도록 했다(DeWall et al., 2010). 이 기간 동안 한 그룹은 매일 타이레놀을 2알씩 복용했고, 통제집단은 아무런 약효가 없는 흰 알약을 복용했다. 참가자들은 약의 성분을 연구가 종결된 뒤 알게 된다.

　놀라운 결과가 나온다. 연구자들의 예상대로 매일 타이레놀을 복용한 집단은 통제집단에 비해 시간이 지날수록 일상의 사회적 상처를 덜 느꼈다. 마치 두통을 없애 주듯, 진통제는 다른 사람으로부터 받은 사회적 고통도 덜어 준다는 것이다. 놀랍지만 가능한 일이다.

　고통의 역할은 위협으로부터의 보호다. 뇌의 입장에서는 그 위협이 신체적인지 사회적인지 그다지 중요하지 않다. 그래서 뇌는 비슷한 방식으로 두 종류의 '고통 스위치'를 켜고 끄는 것이다. 혼자가 되는 것이 생존에 얼마나 치명적인지를 단적으로 보여 주는 연구다.

　우리 조상이 물려준 생존 패키지의 두 번째 내용물은, 우리의 관심사인 '쾌감'이다. 고통과 같은 부정적 경험이 위협으로부터 우리를 보호하는 역할을 한다면, 긍정적 정서의 기능은 생존에 필요한 자원을 추구하도록 하는 것이다. 고통을 느끼지 못하는 생명체가 오래 생존하지 못하는 것처럼 쾌감을 상실한 동물 또한 문제가 생긴다.

간단한 예로 식사를 들어 보자. 왜 우리는 매일 꼬박꼬박 밥을 챙겨 먹을까? 한마디로 먹는 즐거움 때문이다. 그 어떤 음식을 입에 넣어도 종이 맛밖에 느끼지 못하는 사람이 있다고 하자. 이런 자들은 남에게 고기와 과일을 양보할 것이다. 고매한 인격 때문이 아니라 먹는 쾌감을 느끼지 못하기 때문이다. 이런 젠틀맨들은 진화 과정에서 영양실조로 사라졌다. 생존경쟁에서 살아남은 동물들은 탐욕스러울 정도로 먹는 즐거움을 추구했다. 보기에는 썩 좋지 않아도 생존에 반드시 필요한 모습이었다.

앞에서 우리 뇌는 일종의 탐지기 같다는 비유를 했다. 이 탐지기는 우리가 생존에 필요한 경험을 하도록 유인하기 위해 신호를 방출하는데, 이 신호는 바로 다양한 모습의 쾌감으로 나타난다.

배고픈 사냥꾼은 눈앞에 토끼가 나타날 때, 토끼 고기가 맛있는 냄새를 풍기며 익어 갈 때, 한 입 뜯어 먹을 때 행복감을 느낀다. 이런 깨알 같은 쾌감들을 흠뻑 느껴야 또 사냥을 나가게 되고, 이렇게 사냥을 꾸준히 해야만 생존할 수 있다.

중요한 점은 이 탐지기의 쾌감전구는 선별적으로 켜진다는 것이다. 당연한 얘기다. 분별없이 아무 때나 쾌감 신호가 울린다면 탐지기로서의 가치가 없다. 그래서 회색 벽을 멍하니 쳐다보고 있을 때 쾌감은 일어나지 않는 것이다.

이 탐지기의 쾌감 신호는 생존에 절실히 필요한 자원을 취할 때만 선별적으로 반응해야 한다. 며칠 굶주린 배를 채울 때, 꽁꽁 언 몸을 온천물에 담글 때. 이렇게 몸을 보존하는 경험을 할 때 강력한 쾌감이 발생한다.

인간이 생존하기 위해 확보해야 했던 또 한 가지 절대적 자원이 있다. 앞에서 언급한 '사람'이다. 먹는 쾌감을 느껴야 음식을 찾듯 사람이라는 절대적 생존 필수품을 확보하기 위해서는 우선 인간을 아주 좋아해야 한다. 타인을 소닭 보듯 바라보는 사람에게 친구나 연인이 생길 리 없다.

이런 '사회적 영양실조'를 막는 가장 효과적인 방법은 왕성한 '사회적 식욕'을 갖는 것이다. 식욕의 근원은 쾌감이다. 그래서 사람(특히 이성)을 만나고, 살을 비빌 때 뇌에서는 사회적 쾌감을 대량 방출한다. '강추'한다는 뜻이다.

우리는 이런 사회적 쾌감을 예민하게 느꼈던 자들의 유전자를 지니고 산다. 그래서 지금도 사람을 절실히 찾는 것이고, 가장 강렬한 기쁨과 즐거움을 사람을 통해 느끼는 것이다. 사람과 무관해 보이는 감정들도 사실 대부분 사람 때문에 생기는 것이다.

초고속 승진의 기쁨. 뇌의 행복 전구가 켜지는 이유는 승진 자체가 아니라 승진이 가져다주는 사람들의 축하와 인정 때문이다. 어쩌다 지구에 혼자 남게 되었다고 하자. 자랑할 사람도, 축하해 주는 사람도 없는 세상에서 책상 위 화분과 단둘이 갖는 조촐한 승진 파티. 승진이 기쁘긴 커녕 눈물 난다.

누구에게나 비슷한 경험이 있을 것이다. 나는 유학 시절, 행복에 대해 쓴 논문 몇 편이 학계에 알려지게 되었고, 이 덕분에 여러 대학으로부터 특강 초청을 받았다. 특히 긴장했던 곳은 스탠퍼드대학에서의 강의였다. 교과서에서 이름만 구경했던 심리학자들이 나의 강의를 눈앞에서 듣고 있었으니 말이다. 다행히 강의를 잘 마쳤고, 교과서에서 튀어나온 대가들이 나에게 잊을 수 없는 덕담을 해 주었다. 박사과정 중 하이라이트 장면이었다.

일정을 마치고 샌프란시스코공항에서 비행기를 기다리

며 며칠간의 일들을 떠올려 보았다. 내가 뭔가 학자로 업그레이드되는 듯한 벅찬 기분이 들었다.

그러나 그 시간은 내 인생에서 가장 행복했던 순간이 아니라 무척 외로웠던 때로 기억된다. 기쁨을 당장 '나의' 사람들과 떠들며 나누고 싶은 마음이 간절했다. 하지만 먼 이국땅의 텅 빈 공항에서 나는 혼자라는 생각에 압도됐다. 책상 위 화분과 승진 파티를 하는 느낌이었다.

약 5만 년 전 호모사피엔스 중 아주 작은 무리가 아프리카를 나와 세상을 향해 걷기 시작했다. 중앙아시아를 거쳐 일부는 유럽 쪽으로, 일부는 시베리아나 호주 쪽으로. 고고학자들은 아프리카를 나온 이 초기 집단의 크기는 불과 150명 정도였을 것이라 추정한다(Wade, 2006).

이 작은 무리가 무섭게 번성해 불과 몇만 년 만에 남극에서 북극까지 지구 구석구석을 정복하며 살고 있다. 몇만 년이라는 시간은 진화의 관점에서 찰나에 불과하다. 이 짧은 시간에 인간이 지구를 정복하게 된 비결은 무엇일까?

극도의 사회성. 하버드대학의 에드워드 윌슨(Edward O. Wilson) 교수가 최근 저서에서 내린 결론이다(Wilson, 2012). 지구에서 최고의 생존 성공담을 가진 동물은 개미와 인간이다. 두 생명체의 공통된 특성은 유별날 정도로 사회적이라는 것이다.

한 개체로서는 그다지 탁월한 능력이 없지만, 서로 돕고 나누고 이용하는 복잡한 사회적 능력 덕분에 두 종은 지구에서 유례가 없는 성공 신화를 썼다. 그래서 윌슨은 인간의 지구 정복을 '사회적 정복(social conquest)'이라고 표현했다.

행복을 생각하기에 앞서, 행복을 찾는 인간은 누구인가를 생각해 볼 필요가 있다. 보이는 것에 현혹되지 말자. 인간은 동물이다. 행복에 대해 고민도 해 보는 똘똘한 면은 있으나, 살아가는 궁극적인 이유는 다른 동물과 마찬가지로 두 가지다. 생존과 짝짓기. 인간은 좀 더 세련되고 복잡하게, 때로는 대의명분을 만들어 자신도 모르게 그 목표들을 이룰 뿐이다.

칭기즈칸이 좋은 예다. 그가 몽골제국의 깃발을 들고 흑해에서 태평양까지 세상을 정복하며 남긴 것 중 가장 중요한 것은 그의 유전자다. 옥스퍼드대학의 크리스 타일러-스미스(Chris Tyler-Smith) 교수 팀이 러시아인, 중국인, 중앙아시아인 들의 유전자를 분석한 결과에 따르면 현재 남자 약 1600만 명이 칭기즈칸의 염색체를 보유하고 있다

(Wade, 2006). 대략 따져 보면, 세상 남자 200명 중 하나는 칭기즈칸의 후손이라는 것이다.

사람이라는 동물은 극도로 사회적이며, 이 사회성 덕분에 놀라운 생존력을 갖게 되었다. 그래서 그의 뇌는 온통 사람 생각뿐이다. 희로애락의 원천은 대부분 사람이다. 또 일상의 대화를 엿들어 보면 70퍼센트가 다른 사람에 대한 이야기라고 한다(Lieberman, 2013).

행복감을 발생시키는 우리 뇌가 이처럼 사람에 '중독'되어 있다는 사실을 놓쳐서는 안 된다. 그래서 사회적 경험과 행복은 불가분의 관계를 맺는다. 사회적 경험이 행복에 중요한 것은 물론이고, 나는 한발 더 나아가 행복감(쾌감)은 사회적 과제들을 해결하기 위해 존재하게 되었다고까지 생각한다.

지난 40년간 과학적인 연구를 통해 행복에 대해 많은 사실을 알게 되었다. 그중 가장 중요하고도 확고한 결론은 무엇일까? 긴 시간 행복을 연구한 사람으로서 고민을 해 보았다. 내 생각에는 두 가지다.

첫째, 행복은 객관적인 삶의 조건들에 의해 크게 좌우되지 않는다. 둘째, 행복의 개인차를 결정적으로 좌우하는 것은 그가 물려받은 유전적 특성, 조금 더 구체적으로는 외향성이라는 성격 특질이다.

두 결론은 논문 수백 편을 통해 검증된 사실이다. 확고한 결론이지만, 왜 이런 결과가 나타나는지에 대한 근원적인 설명은 아직도 학계에 부족하다. "그냥 그래." 모두 퇴근해 버린 늦은 밤, 빈 사무실 같은 분위기다. 나는 이 적막감을 조금 채우고자 이 책을 쓰게 되었다.

우선 새로운 안경을 쓰고 행복을 살펴볼 필요가 있었다. 익숙한 철학의 안경을 벗고, 진화론적인 렌즈로 행복(쾌감)의 본질을 좀 더 깊게 들여다보게 되었다. 나의 짧은 결론은, 행복은 사회적 동물에게 필요했던 생존 장치라는 것이다.

다음 두 장에서는 두 가지를 접목해 보려 한다. 지금까지 누적된 수십 년간의 연구 결과들과 진화론적인 관점을 통해 보게 된 행복의 보다 본질적인 모습을.

아프리카의 서해안 선과 남미의 동해안 선을 서로 끼워 맞추면 딱 들어맞는다. 우연이 아니다. 하나의 땅덩어리에서 두 대륙이 갈라져 나왔기 때문이다. 지금까지 발견된 행복에 대한 큰 결론과 진화론적 관점으로 새롭게 모양을 잡은 행복은 마치 이 두 대륙 같다. 서로 잘 맞아떨어진다.

6장

행복은 아이스크림이다

행복을 좇는 사람들의 공통적인 질문이 하나 있다. 내 인생에 무엇이 있어야 행복할까? 저마다 조금씩 다르겠지만 대부분 돈, 명예, 건강 등 몇 가지 범주 안에 답이 있다고 믿는다. 그래서 자신의 인생 창고에 이 행복 곡물들을 많이 채우기 위해 동분서주하며 산다.

주식에 비유한다면 돈과 같은 삶의 조건들이 가장 확실한 행복 이윤을 가져다주는 종목이라고 믿는다. 그래서 많은 것을 거기에 투자한다. 사실일까? 결국 행복은 무엇을 가진 자와 못 가진 자의 차이일까?

행복에 대해 가장 흔히 하는 이 생각은 동시에 가장 틀린 생각이기도 하다. 미국 심리학회 회장을 지낸 스콧 릴리언펠드(Scott Lilienfeld) 교수가 『심리학에 대해 일반인들이 가지고 있는 대표적인 오해들』이라는 제목의 책을 출간(한국에서는 『유혹하는 심리학』이라는 제목으로 출간)했다 (Lilienfeld, Lynn, Ruscio, & Beyerstein, 2010). 이 책에서 소개하는 큰 착각 중 하나도 행복이 외적인 조건에 의해 좌우된다는 믿음이다.

학자들은 무엇을 근거로 이것을 '착각'이라고 말하는가? 간단하다. 지난 40년간의 행복 연구로 누적된 엄청난 양의 자료에서 나온 총체적 결론이다.

인생의 여러 조건들, 이를테면 돈, 건강, 종교, 학력, 지능, 성별, 나이 등을 다 고려해도 행복의 개인차 중 약 10~15퍼센트 정도밖에 예측하지 못한다(Diener, Suh, Lucas, & Smith, 1999). 몇 해 전 한국심리학회에서 체계적으로 조사한 한국인의 행복에 대한 결론도 이와 비슷하다(구재선, 서은국, 2011). 행복한 사람과 불행한 사람의 차이는 가진 자와 못 가진 자의 차이가 아니다.

그럼에도 불구하고 행복의 10퍼센트와 관련된 이 조건들을 얻기 위해 인생 90퍼센트의 시간과 에너지를 투자하며 사는 사람들이 많다. 특히 돈을 벌기 위해.

톨스토이는 '인간은 사랑을 먹고 산다'고 했지만 나는 빵도 먹어야 된다고 생각한다. 그래서 나는 수도승처럼 살자는 제안을 하려는 것이 아니다. 하지만 외적 조건에 과도한 기대와 투자를 하는 것은 현명하지 못하다. 돈은 비타민과 비슷한 구석이 있기 때문이다. 비타민 결핍은 몸에 여러 문제를 만들지만, 적정량 이상의 섭취는 더 이상의 유익이 없다.

한국은 이제 돈이나 비타민 결핍에 시달리는 사회가 아니다. "그래도 더 필요해!"라고 고집 피우는 것은 기회비용 차원에서 본다면 자기 삶에 큰 손실을 입히는 것이다. 이 믿음은 행복을 위해 정작 투자해야 할 곳에 집중하지 못하게 만든다.

'많이 갖는 것이 행복은 아니다'라는 결론을 뒷받침하는 연구는 끝없이 많다. 이 방대한 자료 중 몇 가지만 살펴보자. 인생의 외형적 스펙 중 대표적인 돈과 행복의 관계는 한마디로 본인의 경제 수준에 따라 다르다. 하루 세끼 식사를 못할 정도로 가난한 사람에게 돈은 매우 중요한 행복의 조건이다. 하지만 세끼 식사를 안 하는 이유가 다이어트 때문이라면, 이 사람에게 돈은 더 이상 행복의 발판이 되지 못한다.

국가 차원에서도 마찬가지다. 기본적인 의식주가 해결되면 국가의 행복과 경제 수준은 서로 손을 놓아 버린다.

국가 간 행복 수치와 GDP는 분명히 관련이 있지만, 이것은 기본적인 의식주조차 해결 못 하는 극빈한 많은 아프리카 국가들이 자료에 포함되어 있기 때문이다. 이런 최빈국들을 제외하면 얘기는 아주 달라진다.

선진국의 경우, 추가적인 경제발전이 더 높은 행복으로 이어지지는 않는다(Diener & Suh, 2000). 예일대학 경제학자 로버트 레인(Robert Lane) 교수에 의하면 지난 50년간 미국의 평균 가계소득은 약 2배로 증가했지만, 미국인 중 '매우 행복하다'는 답변을 한 사람은 1957년에는 53퍼센트, 2000년도에는 47퍼센트다. 그래프에서 선명하게 볼 수 있듯 미국 경제는 성장했지만, 행복 수준은 자로 그은 것처럼 그대로다.

부유해질수록 돈으로 행복을 사는 것은 점점 어려워진다. 미국 남가주대학의 경제학자인 리처드 이스털린(Richard Easterlin)이 지적한 이 현상을 '이스털린의 역설(Easterlin's Paradox)'이라고 한다.

덴마크, 스웨덴, 노르웨이 같은 스칸디나비아 국가들의 행복 수치는 특히 높다. 흔히 그들의 높은 소득과 사회복지 시스템에서 오는 결과라고 생각하지만 오해다. 일본이 핀란드보다 국민소득은 높지만 행복수치는 비교가 안 될

미국의 소득과 행복 변화(1946-1989)

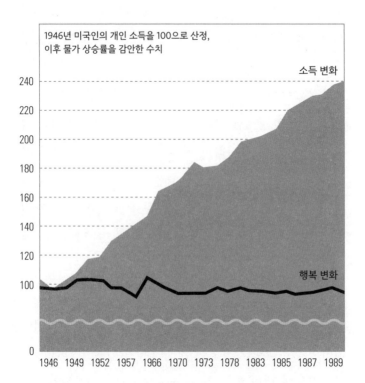

1946년 미국인의 개인 소득을 100으로 산정,
이후 물가 상승률을 감안한 수치

소득 변화

행복 변화

240
220
200
180
160
140
120
100
0

1946 1949 1952 1957 1966 1970 1973 1978 1983 1985 1987 1989

출처: Diener et al.(1999)

정도로 낮다.

스칸디나비아 행복의 원동력은 넘치는 자유, 타인에 대한 신뢰, 그리고 다양한 재능과 관심에 대한 존중이다 (Bormans, 2010). 그들 사회는 돈이나 지위 같은 삶의 외형보다 자신에게 중요한 일상의 즐거움과 의미에 더 관심을 두고 사는 곳이다.

핀란드는 인테리어 소품 등을 디자인했던 알바 알토 (Alvar Aalto)의 얼굴을 화폐에 새긴 나라다. 일상의 작은 경험의 가치를 아는 나라의 상징적인 모습이다. 행복한 사회의 특성 중 하나다. 여기에 대한 자세한 이야기는 뒤에서 다시 하기로 하자. 지금 언급하고 싶은 것은, 빈곤을 벗어난 사회에서 돈은 더 이상 행복의 키워드가 아니라는 점이다.

돈과 행복에 대한 가장 유명한 연구는 미국 일리노이주에서 지금의 화폐가치로 상금 약 100억 원을 받았던 복권 당첨자들에 대한 연구다(Brickman, Coates, & Janoff-Bulman, 1978). 복권 당첨 1년 뒤, 당첨자 21명과 주변 이웃의 행복감을 비교했더니 놀랍게도 별 차이가 없었다.

나는 대학에서 행복에 대한 강의를 25년째 하고 있다.

매 학기 학생들에게 자신을 가장 행복하게 해 줄 사건을 적어 보라 한다. 독보적인 1위는 복권 당첨이다. 대학생뿐 아니라 많은 일반인도 복권 당첨과 행복을 동일시하지만, 실제로 복권에 당첨된 경우를 보면 이것이 답이 아니다. 왜 그럴까?

우선 감정이라는 것은 어떤 자극에도 지속적인 반응을 하지 않기 때문이다. 아니, 계속 반응을 해서도 안 된다. 그 이유는 뒤에서 다시 설명하겠다. 어쨌든 이 '적응(adaptation)'이라는 강력한 현상 때문에 아무리 감격스러운 사건도 시간이 지나면 일상의 일부가 되어 희미해진다. 2002년 월드컵, 안정환 선수의 기적적인 골. 우리 모두의 심장을 멎게 했던 그 전율도 사실은 며칠을 가지 못했다. 복권도 예외가 아니다.

복권 당첨, 새집, 안정환 골. 짜릿하지만 그 어떤 대단한 일도 지속적인 즐거움을 주지는 못한다. 인간은 새로운 것에 놀랍도록 빨리 적응하는 동물이기 때문이다. 그 덕분에 좌절과 시련을 겪고도 다시 일어서지만, 기쁨도 시간에 의해 퇴색된다. 이런 빠른 적응 과정 때문에 비교적 최근의 일들만이 현재의 행복에 영향을 준다. 구체적으로, 얼마나 최근?

이를 알아보기 위해 약 20년 전 나는 대학생들의 행복감을 2년 동안 추적해 보았다(Suh et al., 1996). 대학생들이 일상에서 겪는 좋은 일들(새로 생긴 남자 친구, 대학원 입학 등)과 나쁜 일들(결별, F 학점 등)이 행복에 미치는 영향은 약 3개월이었다. 다시 말해, 작년에 벌어진 이런저런 사건들은 그들이 4월 1일에 느끼는 행복감에 더 이상 영향을 미치지 않았다. 시간은 기쁜 일도 슬픈 일도 생각보다 빨리 지운다.

감정의 또 다른 특성은 상대적이라는 점이다. 이 현상을 설명하기 위해 UCLA의 알렌 파르두치(Allen Parducci) 교수는 '범위 빈도 이론(range-frequency theory)'이라는 복잡한 개념을 소개했지만(Parducci, 1995) 요지는 간단하다. 극단적인 경험을 한 번 겪으면, 감정이 반응하는 기준선이 변해 그 후 어지간한 일에는 감흥을 느끼지 못한다는 것이다. 성적이 중상위권인 학생이 전교 1등을 한번 하고 나면, 예전 성적을 다시 받았을 때 실망하게 된다. 고깃국 맛을 한번 보면 예전의 콩나물국이 왠지 밋밋해지는 것처럼(송관재, 2013).

그렇기 때문에 복권 당첨 같은 일확천금의 경험은 장기적인 행복의 관점에서 보면 저주가 될 수도 있다. 실제로 위의 복권 연구에서 보면, 복권에 당첨된 자들의 행복 더듬이는 둔해진다. 복권 당첨 후 그들은 TV 시청, 쇼핑, 친구들과의 식사 같은 일상의 작은 즐거움에서 이전 같은 기쁨을 더 이상 느끼지 못했다. 큰 자극의 후유증이다.

더욱이 최근 연구들에 의하면 돈은 소소한 즐거움을 마비시키는 특별한 '효능'까지 있다. 예를 들어 '음식과 맛'이라는 제목으로 위장한 한 연구에서 대학생들에게 초콜릿을 먹도록 했다. 진짜 관심사는 대학생들이 초콜릿을 얼마나 음미하며 먹는지를 보는 것이었다.

초콜릿을 먹기에 앞서 설문을 했는데, 한 조건에서는 설문지에 선명한 돈 사진을 한 장 끼워 넣었다. 돈에 대한 생각을 살포시 하도록. 흥미롭게도 돈 조건의 대학생들은 돈을 보지 않은 동료보다 초콜릿을 덜 음미하며 먹었다. 그들은 초콜릿을 더 빨리 먹었고, 표정을 분석한 결과 덜 웃으면서 먹었다(Quoidbach, Dunn, Petrides, & Mikolajczak, 2010).

돈은 마음만 먹으면 무엇이든 얻을 수 있다는 착각을 심어 준다. 그래서 초콜릿 같은 시시한 것에 마음 두지 않게 하고, 이런 자극을 음미하는 능력을 감소시킨다. 심지어 사람이라는 자극에도 관심을 덜 갖게 한다. 돈을 생각할수록 카페에서 다른 사람과 대화를 덜 하고(Mogilner, 2010),

어려움을 당해도 다른 사람의 도움을 사양한다는 연구 결과들이 있다(Vohs, Mead, & Goode, 2006).

하지만 초콜릿을 우습게 생각하는 이들이 꼭 알아야 될 사실이 있다. 지금까지의 연구 자료들을 보면 행복한 사람들은 이런 '시시한' 즐거움을 여러 모양으로 자주 느끼는 사람들이다(Diener, Sandvik, & Pavot, 1991).

행복은 복권 같은 큰 사건으로 얻게 되는 것이 아니라 초콜릿 같은 소소한 즐거움의 가랑비에 젖는 것이다. 살면서 인생을 뒤집을 만한 드라마틱한 일은 거의 일어나지 않는다. 혹시 생겨도 초기의 기쁨은 복잡한 장기적 후유증들에 의해 상쇄되어 사라진다.

돈 이외에도 여러 '인생 자원'들이 있지만, 그것을 추구하는 논리는 모두 비슷하다. 그것을 (가능하면 많이) 소유해야 행복해질 수 있다는 생각이다. 가령 건강이나 외모 또한 빼놓을 수 없는 한국인의 관심사다.

약효가 증명되지도 않은 아프리카 코뿔소의 뿔을 극성스럽게 찾는 동양인들 때문에 이 동물은 현재 멸종위기에 있다. 성형외과에는 인생 역전을 꿈꾸는 젊은이들이 넘쳐난다. 행복한 사람은 이런 인생 자원들을 많이 가진 사람일까? 건강하고 예쁜 사람? 이것이 사실이라면 운동선수들과 연예인들은 늘 행복해야 하지만, 그들도 울고 좌절하고 심지어 자살도 한다.

외모와 행복의 관계를 더 객관적으로 확인해 보기 위해 몇 해 전 연세대학교 학생들의 얼굴 사진을 찍어 다른 학생들에게 매력도 평가를 받았다(김진주, 구자영, 서은국, 2006). 최대한 객관적인 미모 값을 얻기 위해 매력을 과장시킬 소지가 있는 여러 '오염 요소'들을 제거한 뒤 사진 촬영을 했다. 즉, 참가자들의 화장을 지우고, 액세서리도 빼고, 헤어스타일을 통제하기 위해 샤워캡을 쓰도록 했다. 이 민낯 사진들을 학생 수십 명이 한 장씩 보며 얼마나 예쁜지를 평가했다.

이런 절차를 통해 나눈 외모 상위권과 하위권 사람들의 행복값을 비교해 보면, 외모와 행복은 유의미한 관계를 보이지 않는다. 즉, 내가 다른 사람 눈에 얼마나 아름답게 보이느냐(객관적 미모)는 자신이 느끼는 행복감과 관련이 없었다.

하지만 흥미로운 결과가 하나 나타났다. 자기 스스로 생각하는 아름다움의 정도(주관적 미모)는 행복과 관련이 있었다. 외모뿐 아니라 다른 삶의 조건(건강, 돈 등)과 행복의 관계에서도 유사한 패턴이 나타난다. 객관적으로 얼마나 많이 가졌느냐보다 이미 가진 것을 얼마나 좋아하느냐가 행복과 더 깊은 관련이 있다(Diener, Lucas, Oishi, & Suh, 2002).

중간 정리를 한번 해 보자. 사람들은 인생의 좋은 것들을 많이 소유하는 것이 행복의 전제 조건이라고 믿는다. 하지만 논문들이 내놓는 결론은 다르다. 결국 둘 중 하나다. '행복은 소유'라는 생각이 틀렸거나 연구들이 엉터리거나.

그러나 연구를 문제 삼기에는 자료의 양이 너무 방대하고 결론도 일관적이다. 지금까지 논문 수백 편에서 수천만 명의 행복을 분석한 결론을 의심하는 것보다는 삶의 조건이 곧 행복이라는 생각의 한계를 받아들이는 것이 합리적이다. 왜냐하면 이 생각은 몇 가지 맹점들을 가지고 있기 때문이다.

우선 우리의 머리는 '불행하지 않은 것'과 '행복한 것'의 질적 차이를 잘 구분하지 못한다. 생수 한 병은 갈증의 고통을 없애 주지만, 갈증이 가신 사람에게 물은 더 이상 행복을 주지 못한다. 많은 사람이 추구하는 돈이나 건강 같은 인생의 조건들은 사막에서의 물과 비슷하다. 일상의 불편과 고통을 줄이는 데는 효력이 있지만, 결핍에서 벗어난 인생을 더 유의미하게 행복하게 만들지는 못한다.

그래서 건강과 행복의 관계도 흐릿하다. "오늘은 나의 건강한 다리로 잘 걸어 다녔고, 머리도 아프지 않았던 참 행복한 날이었지." 건강한 사람 중에 밤마다 이런 생각을 하며 잠드는 경우는 없다.

예를 들어 불행하지도 행복하지도 않은 중립 상태를 '0'이라 하고, '-10'을 최고 불행한 상태, '+10'을 최고 행복한 상태라고 하자. 정서 학자들의 중요한 발견 중 하나는 불행의 감소(예: -4에서 0)와 행복의 증가(예: 0에서 +4)에 기여하는 요인들이 서로 다르다는 것이다.

이것을 긍정·부정 정서의 독립성(independence)이라고 하며(Diener&Emmons, 1984), 정신 병리에 몰두했던 심리학이 행복 연구를 시작하게 된 이론적 배경이다. 이 말을 쉽게 푼다면, 불행의 감소와 행복의 증가는 서로 다른 별개의 현상이라는 것이다.

행복을 따뜻한 샤워에 비유한다면, 우리의 정서 시스템은 찬물과 더운물을 조절하는 꼭지가 따로 달려 있는 샤워기와 같다. 불행의 요인들을 줄이는 것은 마치 찬물 꼭지를 잠그는 것과 비슷하다. 이것으로 물이 덜 차가워질 수는 있지만 더 따뜻해지지는 않는다. 우리가 인생에서 추구하는 많은 삶의 조건들은 이 샤워기의 찬물 꼭지와 비슷하다. 물을 덜 차게, 즉 삶을 덜 불편하게 만드는 효과는 크지만, 물을 뜨겁게 만드는 데는 한계가 있다.

우리 생각이 가진 또 한 가지 허점이 있다. 인생의 어떤 변화가 생기는 순간과 그 변화가 자리 잡은 뒤의 구체적인 경험은 차이가 있다. 하지만 우리는 이 둘을 제대로 구분하지 않는다. 꿈꾸던 대학에서 입학통지서를 받는 것은 분명 기쁜 일이다. 하지만 막상 대학생이 되어 낯선 환경에서 학업 스트레스를 받으며 외롭게 보내는 일상은 그다지 행복하지 않을 수도 있다. 개강 직후 나는 종종 연세대학교 신입생들에게 아직도 입학해서 기쁘냐고 묻는다. 대답도 없이 대부분 어처구니없다는 표정을 짓는다(이 책은 수험생들의 학업 동기 유발에 도움이 되지 않음).

영어로 표현한다면, 'becoming(~이 되는 것)'과 'being(~으로 사는 것)'의 차이는 상당히 크다. 재벌가 며느리가 되는 것(becoming)과 그 집안 며느리가 되어 하루하루를 사는 것(being)은 아주 다른 얘기다. 하지만 우리는 화려한 변신의 순간에만 주목하지, 이 삶을 구성하는 그 뒤의 많은 시간에 대해서는 미처 생각하지 않는다.

그래서 성공하면 당연히 행복해지리라는 기대를 하지
만, 실상 행복에 큰 변화가 없다는 사실을 살면서 깨닫게
된다. 그제야 당황한다. 축하 잔치의 짧은 여흥만을 생각
했지, 잔치 뒤의 긴 시간에 대해서는 제대로 생각하지 않
았기 때문이다.

많은 사람이 돈이나 출세 같은 인생의 변화를 통해 생기
는 행복의 총량을 과대평가한다. 그 이유 중 하나는 바로
이 행복의 '지속성' 측면을 빼놓고 생각하기 때문이다.

프랑스 사상가 라로슈푸코(La Rouchefecould)가 400년 전
에 지적한 대로 우리는 "상상하는 만큼 행복해지지도 불
행해지지도 않는다". 승리의 환희도 패배의 아픔도 놀라울
정도로 빨리 무뎌지지만, 우리의 머리는 이 강력한 적응의
힘을 감안하지 않고 미래를 그린다(서은국, 최인철, 김미정,
2006). 그래서 항상 '오버'를 한다. 이것을 가지면 영원히
행복하고, 저것을 놓치면 너무도 불행해질 것이라고.

한 연구에서는 연애 중인 대학생 커플들을 모아 놓고 잔
인한 질문을 했다. 현재 사귀는 애인과 헤어진다면 얼마
나 불행해질지 예측해 보라고 했다(Gilbert et al., 1998). 그들
의 예측값은 7점 행복 척도에서 3.9 정도였다. 참고로 이
연구가 진행됐던 대학 재학생의 평균 행복 수치는 5.4 정

도였다. 이들은 이별이 자신의 행복에 상당한 타격을 입힐 것으로 '예측'한 것이다.

과연 애인과 헤어지면 생각하는 것만큼 불행해질까? 확인을 위해 행복 예측을 마친 커플들을 강제로 헤어지게 만든 뒤 행복 수치를 다시 측정해 보면 좋겠지만, 현실적으로 어렵다. 차선책은 실제로 최근 이별한 사람들을 모아 행복을 측정하는 것이다. 그리고 이 실제 경험값과 이별을 상상만 했던 사람들의 행복 예측값을 비교하는 것이다.

결과는 예측과 달랐다. 이별을 실제로 한 이들의 행복은 현재 연애 중인 이들과 비슷한 수준이었다. 이별 후 세상이 끝날 것 같지만, 야속할 정도로 우리는 별일 없이 산다.

이렇게 미래를 과도하게 염려하고 또 기대하는 것이 우리 모습이다. 그래서 우리는 현재를 즐기지 못하고 산다. 대다수 한국인에게서 나타나는 증상이다. 고등학생은 오직 대학을 가기 위해, 대학생은 직장을 얻기 위해, 중년은 노후 준비와 자식의 성공을 위해 산다. 많은 사람이 미래에 무엇이 되기 위해 전력 질주한다. 이렇게 'becoming'에 눈을 두고 살지만, 정작 행복이 담겨 있는 곳은 'being'이다.

인생은 유한하다. 제한된 시간과 에너지를 어디에 어떻

이별은 '예측'하는 것만큼 행복을 낮추지 않는다

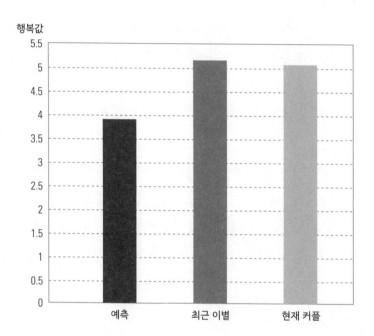

출처: Gilbert et al.(1998)

게 쓰느냐가 결국 인생사다. 사람들은 상당 부분을 부와 성공 같은 삶의 좋은 조건들을 갖추기 위해 쓴다. 이런 것을 소유해야 행복이 가능하리란 강한 믿음 때문에.

그러나 여기서 기대만큼의 행복 결실이 나오지 않는다는 것이 수십 년 연구의 결론이고, 이 현상을 일으키는 주범으로 '적응'이라는 녀석이 지목되었다. 하지만 결정적인 질문이 여전히 남아 있다. 적응이라는 범인은 잡았는데, 그의 정확한 범행 동기(?)는 파악되지 않고 있다.

우리가 느끼는 기쁨과 즐거움은 왜 그토록 빨리 소멸될까? 꿈꾸던 대학에 입학해도, 소울메이트라고 확신했던 그와 결혼을 해도, 왜 처음의 흥분과 떨림은 지속되지 못할까? 적응이라는 현상에 대한 기록은 많지만, 이에 대한 속 시원한 설명은 아직도 부족하다(Diener, Lucas, & Scollon, 2006; Suh, Diener, & Fujita, 1996).

이것을 설명하기 위해 앞에서 언급했듯 나는 행복에 대한 생각을 거꾸로 해 보았다. 이렇게 배가 하늘을 향하도록 행복을 뒤집어 놓고 보면, 적응은 생존을 위해 반드시 일어나야만 하는 현상임을 알게 된다.

간단한 복습을 하자. 특히 4장의 내용을. 우리 뇌는 일종의 탐지기라는 비유를 했고, 이 탐지기의 목적은 우리가 생존에 필요한 자원들을 구하도록 만드는 것이다. 새우깡이 개를 서핑하게 만들 듯이 우리도 어떤 보상이 있어야 사냥과 짝짓기 같은 행위를 한다. 쾌감이 바로 우리 뇌가 고안한 보상이다. 개가 새우깡 맛에 빠져 어느새 서핑까지 하듯 우리도 쾌감을 추구하는 과정에서 생존에 필요한 자원들을 손에 쥐는 것이다.

여기서 매우 중요한 점은, 이런 생존 행위는 반복적으로 이루어져야 한다는 사실이다. 오늘 아무리 영양가 높은 음식을 먹어도, 살기 위해서는 내일 또 사냥을 해야 한다.

사냥의 의욕이 다시 생기기 위한 필요조건이 있다. 오늘 고기를 씹으며 느낀 쾌감이 곧 사라져야 하는 것이다. 쾌감 수준이 원점으로 돌아가는 이런 '초기화(reset)' 과정이 있어야만 그 쾌감을 유발한 그 무엇(고기)을 다시 찾는다.

창을 들고 동굴 밖으로 다시 사냥을 나서는 이유는 사실 잃어버린 쾌감을 다시 잡아 오기 위함이다. 이 무한반복의 생존 사이클이 지속되기 위해 절대적으로 필요한 조건 중 하나가 쾌감의 소멸이다. 소멸되지 않으면 동굴에 마냥 누워 있을 것이고, 계속 누워 있다 보면 결국 영원히 잠들게 된다.

동전 탐지기 비유로 돌아간다면, 쾌감이 소멸되지 않는 것은 심각한 기계 결함이다. 탐지기의 '삐' 소리는 동전으로 유도하기 위해 방출하는 신호다. 이 신호 덕분에 동전을 찾았다고 하자. 또 새로운 동전을 찾기 위해 신호는 꺼져야 한다. 그래서 '삐' 소리 같은 우리의 쾌감전구도 단기적인 목적을 달성하면 일단 꺼지는 것이다. 다음을 위해서.

적응이란 간단히 말하면, 어떤 일을 통해 느끼는 즐거움이 시간이 갈수록 줄어드는 현상이다. 행복이라는 좁은 관점에서 보면 야속한 일이다. 수년 동안 몸과 약간의 영혼까지 팔아서 얻은 승진이 주는 즐거움도 불과 며칠이다. 그래서 '쾌락의 쳇바퀴(hedonic treadmill)'라는 표현이 오래전부터 학계에서 쓰여 왔다(Brickman & Campbell, 1971). 적응 때문에, 그 무엇을 얻어도 행복은 결국 쳇바퀴를 도는 것처럼 제자리걸음을 한다는 뜻이다.

하지만 앞서 말했듯 정서의 본질적 관심사는 행복이 아닌 생존이다. 생존을 위해서는 자원을 계속해서 더 많이 비축하고 확장하는 것이 유리하다. 그래서 승진의 즐거움은 며칠 뒤 없어져야만 한다. 그래야 과장을 단 사람이 부장이 되기 위해 노력하고, 동메달을 딴 선수가 금메달을 위해 땀을 흘린다.

쾌락은 생존을 위해 설계된 경험이고, 그것이 제 기능을 하기 위해서는 본래 값으로 되돌아가는 초기화가 반드시 필요하다. 이것이 적응이라는 현상이 일어나는 생물학적 이유다. 그리고 수십 년의 연구에서 좋은 조건을 많이 가진 사람들이 장기적으로 훨씬 행복하다는 증거를 찾지 못한 원인이기도 하다. 아무리 대단한 조건을 갖게 되어도, 여기에 딸려 왔던 행복감은 생존을 위해 곧 초기화되어 버리기 때문이다. 나는 이것이 행복 연구에서 아직까지도 품고 있는 질문에 대한 간명한 설명이라고 생각한다.

그래서 행복은 '한 방'으로 해결되는 것이 아니다. 모든 쾌락은 곧 소멸되기 때문에, 커다란 기쁨 한 번보다 작은 기쁨을 여러 번 느끼는 것이 절대적이다.

유학 시절, 지도교수가 쓴 논문을 읽은 적이 있다. 제목은 '행복은 기쁨의 강도가 아니라 빈도다(Happiness is the frequency, not the intensity, of positive affect)'. 나는 이것이 행복의 가장 중요한 진리를 담은 문장 중 하나라고 생각한다.

큰 기쁨이 아니라 여러 번의 기쁨이 중요하다. 객관적인 삶의 조건들은 성취하는 순간 기쁨이 있어도, 그 후 소소한 즐거움을 지속적으로 얻을 수 없다는 치명적인 한계가 있다.

결국 행복은 아이스크림과 비슷하다는 과학적 결론이 나온다. 아이스크림은 입을 잠시 즐겁게 하지만 반드시 녹는다. 내 손 안의 아이스크림만큼은 녹지 않을 것이라는 환상, 행복해지기 위해 인생의 거창한 것들을 좇는 이유다.

하지만 행복 공화국에는 냉장고라는 것이 없다. 남는 옵션은 하나다. 모든 것은 녹는다는 사실을 받아들이고, 자주 여러 번 아이스크림을 맛보는 것이다.

그렇다면 이 아이스크림은 어떤 맛일까? 명품 가방 맛? 고시 합격의 맛? 다음 장으로 넘어가 보자.

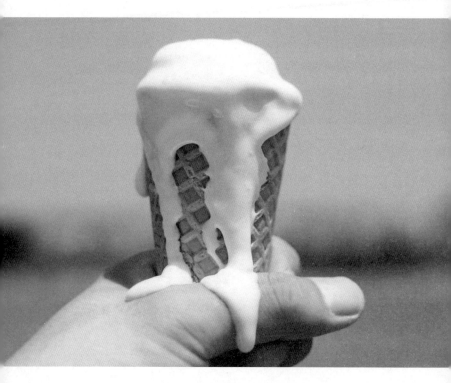

아이스크림은 달콤하지만 반드시 녹는다. 행복도 마찬가지다.

7장

'사람쟁이' 성격

———————

　2001년 가을의 한 장면을 누구나 기억할 것이다. 9월 11일 오전 8시 46분, 보스턴에서 이륙한 아메리칸 항공사 여객기가 맨해튼의 무역센터 북타워로 돌진했다. 17분 뒤 또 다른 여객기가 남타워를 덮쳤다. 당시 미국에 살고 있던 나는 그날 남타워에서 벌어진 긴박한 드라마를 몇 달 뒤 신문 기사로 읽게 되었다.

　첫 번째 테러 여객기가 북타워에 충돌하며 생긴 여진이 남타워를 강타하자 수천 명이 일제히 비상계단으로 달려갔다. 이 아비규환의 혼란 중 안내 방송이 나왔다. 사고 지점은 그들이 있던 남타워가 아닌 북타워이니, 안심하고 사무실로 되돌아가라는 메시지였다. 당신이 만약 그 비상계단에 서 있었다면, 어떤 결정을 했을까?

그날 비상계단에 서 있던 수천 명이 그런 갈등에 빠졌다. 그냥 올라갈 것인가, 끝까지 내려갈 것인가. 생존자들의 증언에 의하면 일부는 정말 사무실로 되돌아갔고, 일부는 건물을 빠져나왔다고 한다. 그리고 그들이 뛰쳐나오기가 무섭게 두 번째 테러 여객기가 남타워를 덮쳤다. 62분 만에 건물은 거짓말처럼 내려앉았다.

순간의 결정이 생사를 갈랐다. 누가 살고 누가 죽었나? 명함에 무엇이 적혀 있고, 나이가 몇 살이고, 얼마나 고상한 취미를 가졌는지, 그날 그들의 생사를 좌우한 것은 이런 것들이 아니었다. 수천 명의 운명을 결정한 것은 그들의 평소 '성격'이었다.

매사에 낙관적이고 긍정적인 김 과장은 "별일 아니야!" 소리치며 사무실로 올라갔을 것이다. 밥값 낼 때 항상 손을 바르르 떨던 최 과장은 일등으로 건물에서 탈출했을 것이다. 이 17분짜리 드라마에서 평소 낙관적인 사람들은 목숨을 잃은 경우가 많았을 것이고, 소심하고 찌질하다는 소리를 듣던 이들은 생존했을 확률이 훨씬 높았을 것이다.

지금 나는 왜 이 모양으로 살고 있는가? 우리는 이런저런 이유를 떠올린다. 부모를 잘 만나서, 혹은 잘못 만나서, 대학 전공 때문에, 기타 등등. 조금씩은 모두 관련이 있겠

생사의 갈림길에서 운명을 좌우하는 것은 무엇일까.

지만 무엇을 하며 어떤 인생을 사느냐를 결정하는 데 상당히 큰 몫을 차지하는 것은 바로 자신의 성격이다.

우리는 살면서 9·11의 남타워 같은 극단적인 상황을 자주 경험하지는 않는다. 하지만 성격은 평생 동안 자신이 내리는 크고 작은 결정에 꾸준히 영향을 미친다. 성격에 따라 친구를 고르고, 직업을 택하고, 주말에 무엇을 하느냐를 결정한다. 현재의 나는 상당 부분 이런 선택이 누적된 결과다.

하지만 우리 눈에는 내면의 성격보다는 바깥세상의 것들이 훨씬 잘 보인다. 가령 차에서 내리는 사람의 성격은 보이지 않아도, 그가 어떤 차에서 내렸는지는 알 수 있다. 그래서 그가 행복해 보이면 고급 차 때문이라고 생각하기 쉽다. 앞에서 언급했듯 우리는 겉으로 드러나는 것에 과도한 의미를 부여하기 때문이다. 그러나 그가 행복하다면, 원인은 그의 차가 아니라 그의 성격일 확률이 훨씬 높다. 그는 자전거를 타고 다녀도 웃을 사람이다.

다시 말하지만 행복의 원인 중 사람들이 가장 과대평가하는 것이 돈과 같은 외적 조건이다. 이 장에서는 반대로 행복에 절대적인 영향을 미치지만, 대부분이 미처 생각지 않는 요인에 대해 살펴보려 한다. 어떤 것이 그렇게 중요할까? 오랫동안 행복을 연구한 석학들을 한자리에 모아놓고 그 질문을 한다면 대답은 거의 비슷할 것이다.

"유전. 더 구체적으로는 외향성."

사실 이 대답은 행복 연구에 대해 전문성을 나타내는 지표가 될 수 있을 정도로 중요한 진단이다. 쌍둥이 연구를 통해 유전과 정서의 관계를 오랫동안 분석한 미네소타대학의 데이비드 리켄(David Lykken)과 오크 텔리건(Auke Tellegen) 교수는 심지어 이런 문장을 썼다.

"행복해지려는 노력은 키가 커지려는 노력만큼 덧없다 (Lykken & Tellegen, 1996)." 다소 극단적인 표현이지만, 그래도 행복에 있어서 유전적 개입을 부인하는 학자는 없다.

이런, 내가 왜 이 책을 샀을까? 갑자기 이런 생각이 드는 독자들에게는 죄송. 하지만 행복에 대한 냉철한 이해를 원한다면 여기서 책을 덮지 말길 바란다.

학계의 정설 중 일반인들에게 가장 덜 알려진 사실이 바로 행복과 유전의 관계다. DNA가 행복을 완전히 결정한다는 뜻은 물론 아니다. 학자에 따라 다소 의견이 다른 통계적 수치지만, 학계의 통상적인 견해는 행복 개인차의 약 50퍼센트가 유전과 관련이 있다고 본다(Lyubomirsky, 2010).

전체의 반. 보기에 따라 클 수도 작을 수도 있지만, 나

유전의 힘은 강력하다. 평생 떨어져 자란 쌍둥이 삶의 유사성은 놀라울 정도다.

는 매우 크다는 쪽이다. 왜냐하면 유전으로 설명되지 않는 '나머지 반'은 말 그대로 행복과 조금이라도 연관이 있는 모든 것의 합이기 때문이다. 이 모든 나머지 요인들을 다 합친 것이 유전이라는 단일 요인과 비슷한 비율로 행복에 영향을 미친다. 싸움으로 친다면 수십 대 1의 싸움이 무승부로 끝나는 셈이다. 한 녀석(유전)의 주먹이 얼마나 세다는 말인가.

일란성쌍둥이들은 유전의 힘을 단적으로 보여 주는 예다. 그들의 유전적 유사성은 100퍼센트다. 그런데 간혹 생후 각자 다른 부모에게 입양돼 자라는 경우가 있다. 심리학자에게는 연구 가치가 높은 케이스다. 완벽히 동일한 유전자를 가지고 다른 환경에서 성장했기 때문이다. 쌍둥이 연구를 전문적으로 하는 미국 미네소타대학에서는 이런 케이스들을 찾아 많은 연구 결과를 내놓았다.

그중 특히 유명한 사례가 제임스1과 제임스2 쌍둥이다 (Tellegen, 1999). 이 둘은 생후 3주 만에 다른 가정으로 입양돼 30년 넘게 살았다. 미네소타대학으로부터 연구 참여 부탁을 받기 전까지, 자신이 쌍둥이였다는 사실도 모른 채.

하지만 서로의 존재조차 모르며 평생을 살았던 두 사람의 유사성은 경이로울 정도였다. 이혼한 전처의 이름(린다)부터 아들의 이름(앨런), 반려견의 이름(토이), 직업(보안관), 가장 싫어하는 스포츠(야구), 좋아하는 맥주(밀러)와 가장 자주 가는 휴가지(플로리다주의 특정 해변)까지 완벽히 일치했다. 이런 일란성쌍둥이들의 행복 수치는 어떨까? 물론 매우 비슷하다(Weiss, Bates, & Luciano, 2008).

유전의 힘은 강력하다. 하지만 냄새도 모양도 없는 이 유전적 요인을 일상에서 간파하기란 쉽지 않다. 그래서 선천적으로 행복한 성향을 가지고 태어난 사람의 외적 '증상'에 주목하게 되고, 그것이 행복의 원인이라고 착각하는 경우가 많다. 그러나 기침이 감기의 증상이지 원인은 아니다.

가령 회사에서 활달하고 긍정적이기로 소문난 윤 대리는 누구보다 아침 인사를 잘한다고 치자. "아, 윤 대리의 행복 비결은 아침 인사였구나"라고 어떤 높으신 분이 판단한다. 그래서 '아침 인사하기'가 회사의 새해 캠페인이 된다. 그것으로 더 행복한 회사가 되길 바라지만, 어쩌면 목 디스크 환자만 늘어날 수도 있다. 아침 인사를 하는 것이 나쁜 아이디어는 아니지만, 윤 대리를 행복하게 만든 본질적 이유는 아니다.

쾌활한 기질을 가지고 태어난 윤 대리에게는 무수한 습

성과 특성이 있다. 인사는 그중 하나일 뿐이다. 인사하는 모습이 눈에 잘 띄기 때문에, 그것이 그의 행복 비결이라는 과장된 결론을 내리는 것이다.

최근 등장하는 행복 지침들은 이런 식으로 행복의 증상을 원인으로 혼동하는 경우가 많은 듯하다. 긍정적으로 생각하는 것은 좋지만, 긍정성 또한 행복한 사람들이 이미 갖고 있는 증상인 경우가 많다. 누군가를 어느 정도 '이미 행복한 사람'으로 만드는 것은 상당 부분 타고난 기질이다 (Archontaki, Lewis, & Bates, 2013).

그렇다면 유전적 영향은 어떤 경로를 통해 행복으로 전달되는 것일까? 행복한 사람은 '행복 DNA' 10개를, 불행한 사람은 4개를 가졌다는 뜻인가? 물론 아니다. 인간이 가진 모든 신체적·심리적 특성은 유전자와 관련이 있다. 키, 얼굴형, 지능, 심지어 취침 시간까지. 이렇게 유전적 영향을 받는 무수한 특성 중 행복과 특히 연관성 높은 것이 있다. 무엇일까?

터키의 이스탄불은 내가 본 가장 인상적인 도시다. 유럽과 아시아의 길목에서 1000년 이상 막대한 종교적·정치적 영향력을 행사했던 이 도시의 압권 중 하나는 보스포루스해협이다. 한강이 서울을 나누듯, 이 좁은 보스포루스해협을 사이에 두고 유럽과 아시아가 나누어진다. 이 거대한 두 대륙을 연결하는 것은 1074미터 길이의 보스포루스 다리다.

유전과 행복을 각각 하나의 대륙이라고 한다면, 이 둘을 연결하는 보스포루스 다리가 있다. '외향성'이라는 성격 특질(trait)이다. 유전적 영향에 의해 외향성 수치는 어느 정도 정해지며, 그 외향성의 정도가 개인의 행복 수치와 깊은 관련을 맺는다.

우리는 양쪽 부모에게 받은 유전적 조합에 의해 사람마다 조금씩 다른 기질(temperament)을 가지고 태어난다. 유난히 칭얼대는 아기도 있고, 코를 눌러도 웃으며 쳐다보는 아기가 있다. 기질이라는 원석은 시간이 지나면 조금 더 구체적인 모양을 잡아 가는데, 이것이 성격 특질이다. 가장 중요한 성격 특질 5가지(외향성, 신경증, 성실성, 개방성, 원만성) 중에서 우리의 관심사는 외향성이다.

외향성이 행복 연구에서 그토록 주목받는 이유는, 한마디로 행복과 가장 손을 꼭 쥐고 있는 짝이기 때문이다. 지금까지 연구된 그 어떤 다른 특성도 외향성만큼 행복과 관련 깊은 것이 없다.

사실 이 둘이 맺어지게 된 순서는 사람들의 생각과 반대다. 최근 행복 연구를 통해 외향성이 부각된 것이 아니라, 40년 전 성격 연구 과정에서 외향적인 사람들이 유난히 행복하다는 사실을 '실수'로 발견하게 된 것이다(Costa & McCrae, 1980). 즉, 행복은 상당 부분 성격(외향성)과 관련 있다는 중요한 초기 암시였다. 그래서 행복 연구의 서막을 올린 것도 에드 디너 교수 같은 성격 심리학자들이었다.

　외향성이 높은 사람의 특성은 무엇일까? 대표적으로는 사람을 찾고, 그들과 절대적으로 많은 시간을 보낸다는 것이다. 그 외에도 외향성이 높을수록 자극을 추구하고, 자기 확신이 높고, 처벌을 피하는 것보다는 보상이나 즐거움을 늘리는 데 초점을 둔다. 최근 연구들에 의하면, 외향적인 사람들이 타인을 찾는 본질적 이유가 자극 추구라는 흥미로운 설명도 있다(Smillie, Cooper, Wilt, & Revelle, 2012). 사실 사람만큼 '자극적인 자극'도 없다.

　구체적인 이유야 무엇이든 외향성은 한마디로 '사람쟁이' 성격이다. 외향성이 높을수록 타인과 같이 있는 시간을 좋아하고, 또 그들(특히 이성)이 자기를 좋아하도록 만드는 데 타고난 재주가 있다. 그래서 그들은 첫 경험 시기도 빠르고, 경험 상대도 많다(Nettle, 2006).

사람쟁이 성격과 행복의 고리는 매우 단단하다. 외향적일수록 행복하다는 결론은 심지어 동물(오랑우탄) 연구에서도 나타난다(Weiss, King, & Perkins, 2006). 인간의 경우, 더 선명한 결과들이 나온다. 한 연구에서는 행복하기 위해 절대로 없어서는 안 되는 필요조건이 무엇인지 알아보기 위해 극단적인 두 그룹, 즉 행복값이 상위 10퍼센트에 속하는 사람들과 하위 10퍼센트에 속하는 사람들을 비교해 보았다(Diener & Seligman, 2002). 연구자들이 수많은 변인을 측정했지만 그룹 간 차이는 없었다. 가령 얼마나 돈이 많다고 생각하는지, 외모와 학점이 어떤지, 심지어 얼마나 많은 긍정적·부정적 사건들을 경험했는지.

두 그룹 간의 차이는 오직 두 가지 영역에서만 나타났다. 첫째, 성격. 행복한 사람들은 월등히 더 외향적이고 정서적 안정성이 높았다. 둘째, 대인관계. 행복 지수 상위 그룹의 사회적 관계의 빈도와 만족감이 월등히 높았다. 사실 두 가지 특징의 공통분모는 '사회성'이다. 그래서 이 논문의 저자들은 행복을 보장하는 충분조건은 없지만, 없어서는 안 될 필요조건이 사회적 관계라는 결론을 내렸다.

이쯤에서 한 가지 짚고 넘어가자. 나는 지금 외향성 예찬론을 펼치려는 것이 아니다. 솔직히 고백하자면, 나는 극도로 외향적인 사람들을 그다지 좋아하지 않는다. 사실 정신이 없다. 특히 내가 피곤할 땐.

하지만 내 개인적 선호와 무관하게 외향적인 이들이 행복하다는 것은 사실이다. 그러나 외향성이라는 것은 심리학자들이 연구 목적으로 개개인에게 붙여 놓은 일종의 명찰일 뿐, 그 때문에 행복한 것은 아니다. 행복에 대한 이해를 위해 그 명찰이 붙은 사람들이 가진 독보적 특성을 파악하는 것이 중요하다. 그것이 사회성이다.

외향성을 과일에 비유한다면, 이 과일은 사회성이라는 즙을 듬뿍 머금고 있다. 외향성과 행복이 깊이 연관된 이유는 사회성이라는 즙 때문이다. 지금부터 과일의 껍질은 버리고, 이 즙에 대해 조금 더 상세히 살펴보자. 사회적 경험이 인간의 신체적·정신적 건강에 미치는 영향은 식물에게 광합성만큼 중요하다.

우선 행복한 사람들은 타인과 같이 보내는 사회적 시간이 절대적으로 많다. 그의 타고난 기질이 어떻든, 어떤 사회에서 살고 있든, 일관되게 나타나는 현상이다.

현재 우리 연구실에서 사회과학 연구재단의 지원금으로 진행하는 국제 행복 연구 프로젝트가 있다(서은국, 오이시, 2011). 행복의 장기적 결과를 다각적으로 살펴보기 위해 미국 캘리포니아대학과 버지니아대학 연구진들과 함께 행복과 생활 습성은 물론, 유전자분석을 위한 자료까지 모으고 있는 중이다. 많은 질문 중 이런 문항이 있다.

"하루 중 다른 사람과 함께 보내는 시간은 대략 몇 퍼센트이고, 혼자 보내는 시간은 몇 퍼센트입니까?"

다음 그래프에서 볼 수 있듯이 행복한 사람들(행복 평균 상위 10퍼센트)과 불행한 사람들(하위 10퍼센트)의 차이는 확연하다. 한국의 경우, 행복한 사람들은 하루의 약 72퍼센트의 시간을 다른 사람과 함께 보내지만, 불행한 사람들은 누군가와 함께 있는 시간(48퍼센트)보다 혼자 있는 시간(52퍼센트)이 조금 더 많다.

미국도 마찬가지다. 행복한 사람들은 혼자 있는 시간보다 사회적 시간이 약 2배 많지만(65퍼센트 함께, 35퍼센트 혼자), 불행한 사람들은 혼자 있는 시간이 2배 이상 많다(32퍼센트 함께, 68퍼센트 혼자). 한국인이든 미국인이든, 호모사피엔스의 행복 전구는 사람들과 같이 있을 때 훨씬 자주 켜진다.

여기서 한 가지 질문이 나올 수 있다. 선천적으로 내향적인 사람도 타인과 함께할 때 더 행복할까? 이 질문을 염

시간 소비 형태: 행복한 사람 대 불행한 사람

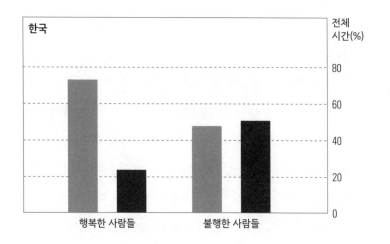

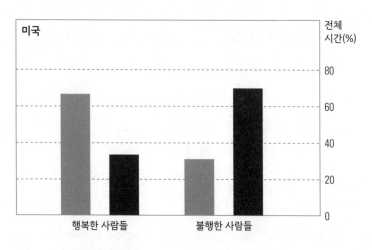

■ 함께 있는 시간 ■ 혼자 있는 시간

두에 두고 한 연구에서는 내향적인 사람들에게 하루에 여러 번, 몇 주 동안 문자메시지를 통해 두 가지 질문을 반복적으로 했다. 지금 얼마나 행복한지, 또 누구와 함께 있는지.

연구 결과는 우리의 예상과 달랐다. 내향적인 사람들도 혼자일 때보다 누군가와 함께 있을 때 더 높은 행복감을 느꼈다(Diener & Biswas-Diener, 2008). 그래서 내가 농담처럼 하는 말이 있다. 회식 2차를 갈 때, 배려한다는 마음으로 평소 조용한 팀원을 먼저 보내지 말라고. 떠들썩한 회식 장소에서 그 팀원은 속으로 웃으며 좋아할 수 있다.

그렇다면 내향적인 사람들은 왜 외향적인 사람들만큼 타인과 어울리지 않는가? 이유는 간단하다. 싫어서가 아니라 불편해서다. 사람이라는 자극은 양날의 검과 같다. 사람은 즐거움의 원천이기도 하지만, 때론 가장 큰 스트레스가 될 수도 있다. 그래서 계속 직장 상사만 보다 보면 휴가 생각이 간절히 나는 것이다.

내향적인 사람들은 이런 사회적 스트레스를 더 예민하게, 더 많은 사람으로부터 경험한다. 그래서 사람들에게서 한발 뒷걸음질 치는 것처럼 보일 수 있다. 하지만 그건 사람이 싫은 것과는 다른 얘기다.

이런 비유가 어떨지. 외향적인 사람이든 내향적인 사람이든 오르고 싶어 하는 산은 똑같다. 사람들이 즐겁게 모여 있는 정상. 이 둘의 차이는 얼마나 무거운 짐을 등에 지고 오르느냐다. 외향적인 사람의 가방은 가볍지만, 내향적인 사람의 가방은 어색함, 스트레스, 두려움 등으로 무겁다. 그래서 중턱쯤에서 되돌아가는 경우도 많다. 결국 산 정상에는 외향적인 사람들이 더 많이 모여 있지만, 내향적인 사람들이 산보다 바다를 좋아해서 그런 것은 아니다.

행복의 관점에서 보면, 이 '가벼운 짐'은 외향적인 사람들이 가지고 태어난 큰 유전적 혜택이다. 유전자는 공평이라는 단어를 모른다. 그러나 짐이 묵직해도 힘을 내 올라갈 필요가 있다. 새로운 사람을 만날 때는 두 가지 가능성이 공존한다. 어색함 대 즐거움. 최근 연구에 의하면, 우리는 새로운 만남이 주는 즐거움을 과소평가하는 경향이 있다. 그래서 오래된 연인과의 데이트를 택하지만, 실제 경험을 측정하면 낯선 이성과 식사한 후의 즐거움이 더 크다 (Dunn, Biesanz, Human, & Finn, 2007). 그러니 내향적인 사람들이여, 어색함을 극복하고 새로운 사람도 만나 볼 필요가 있다.

이처럼 행복한 사람들은 많은 시간을 다른 사람들과 보

낸다. 또 한 가지 중요한 특성은 자신의 자원을 사람과 관련된 것에 많이 쓴다는 점이다. 돈과 행복에 대한 최근 연구가 좋은 예다. 일정 경제 수준에 이르면 얼마나 돈이 있느냐보다 그것을 어떻게 쓰느냐가 중요해진다(Dunn & Norton, 2013).

최근 주목받는 콜로라도대학의 리프 반 보벤(Leaf van Boven) 교수의 연구에 의하면, 행복한 이들은 공연이나 여행 같은 '경험'을 사기 위한 지출이 많고, 불행한 이들은 옷이나 물건 같은 '물질' 구매가 많은 것으로 나타난다(Van Boven & Gilovich, 2003).

행복과 관련해 경험보다 물질 구매가 불리한 점은 무엇일까? 경험(여행)에 비해 물질(신상 백)에서 얻는 즐거움은 더 빨리 적응되어 사라지고, 타인과의 상대적 비교를 더 자주 하게 된다(누군가 반드시 더 좋은 가방을 들고 다닌다!). 끄덕끄덕.

하지만 최근 "저기 잠깐만요!" 하고 외치며 등장한 논문이 있다(Caprariello & Reis, 2013). 이 논문에 의하면 경험 구매가 물질 구매보다 행복한 본질적 이유는 또다시, 사람 때문이다. 일반적으로 경험(뮤지컬 관람)은 다른 사람과 함께 소비하는 경우가 많고, 물건(면도기)은 혼자 쓰기 위해 구매하는 경우가 많다. 경험 구매가 물질 구매보다 행복과 더 관련이 있는 이유다.

그러나 항상 그런 것은 아니다. 가령 '혼자' 영화를 보기 위해 산 티켓은 '고독-경험' 구매가 되고, '친구들'과 놀기 위해 게임기를 사는 것은 '사회적-물질' 구매가 된다. 이런 경우 어느 쪽이 더 행복감을 줄까? 위 연구에 의하면 친구와 놀기 위해 게임기를 살 때 더 행복하다. 결국 무엇을 구매하느냐보다 구입한 물건 혹은 경험에 다른 사람이 개입되느냐가 관건이라는 것이다.

여기서 한발 더 나아가, 돈을 자신이 아닌 남을 위해 쓸 때 더 행복해진다는 연구들도 나오고 있다. 한 실험에서는 대학생들에게 5달러 혹은 20달러를 오전에 나누어 주고 마음대로 쓰라고 했다. 단, 한 조건에서는 이 돈을 스스로를 위해 쓰라고 했고, 다른 조건에서는 남을 위해(가령 선물 구입) 쓰도록 했다(Dunn, Aknin, & Norton, 2008). 그날 저녁 행복감을 비교해 보면, 금액에 상관없이 남을 위해 돈을 쓴 그룹이 높다. 이 현상은 가난한 아프리카 국가에서도 일관되게 나타난다(Aknin et al., 2013).

시간도 마찬가지다. 자원봉사자들이 높은 행복감을 경험하는 이유도 행복 관점에서 보면 시간이라는 자원을 현명하게, 즉 타인을 위해 쓰기 때문이다.

왜 친사회적인 행동은 행복감을 유발할까? 한 가지 가능성은 남에게 도움을 줄 때 즉각적인 보상이 필요하기 때문일 수 있다. 장기적으로 친사회적 행동은 타인과의 결속력을 높여 생존에 필요한 사회적 자원을 확보하는 효과가 있다. 그러나 단기적 관점에서 고기를 나누어 먹는 것은 손해다. 이 손실감을 상쇄하는 강력한 보상이 필요한데, 그것이 즐거움일 수 있다.

나의 도움을 받고 고마워하는 친구의 얼굴을 볼 때 나도 기쁨을 느껴야 한다. 그래야 또 주고 싶은 마음이 생기고, 이 과정에서 생긴 친구는 훗날 죽을 고비에서 나를 구해 줄 수도 있다. 결국 진화 과정에서 도움을 줄 때 기쁨을 느꼈던 자들이 선택적으로 더 많이 생존하게 되고, 그들의 유전자를 통해 우리는 이 습성을 물려받은 것은 아닐지. 더 체계적인 연구가 필요하지만 현재 나의 추측은 그렇다.

마지막으로 사회적 경험의 위력을 보여 주는 최근 연구들을 몇 가지 소개하고자 한다. 이를 보면 우리의 마음은 사회적 관계와 생존을 거의 동의어로 혼동한다는 인상까지 받는다. 가령 추위는 인간이 극복해야 했던 커다란 자연의 위협 중 하나였다. 또 하나의 생존 위협은 앞에서 강조했듯 사회적 고립이었다. 그래서 원초적인 수준에서 '추위=위험=사회적 고립'이라는 메모가 우리 뇌의 어딘가에 붙어 있을 수도 있다. 거꾸로 '따뜻함=안전=친구'라는 쪽지도 어딘가 있을지 모른다.

그렇다면, 외로우면 정말 추워질까? 놀랍게도 그렇다. 한 연구에서는 따돌림과 소외감을 느꼈던 경험을 자세히 떠올리도록 한 뒤, 실험실의 실내 기온을 예측하도록 했다. 소외감을 느낀 사람들은 통제집단보다 방이 더 춥다고 느꼈다(Zhong & Leonardelli, 2008). 그래서 외로우면 콜라나 피자 같은 찬 음식보다 커피나 수프 같은 따뜻한 음식을 더 찾게 되며, 따뜻한 수프를 먹으면 일시적으로 외로움을 덜 느낀다고 한다(Troisi & Gabriel, 2011). 외로운 싱글들이여, 겨울에는 둘 중 하나는 있어야 한다. 애인 혹은 내복.

외로우면 산도 더 높아 보인다. 남산의 케이블카는 몇도의 경사를 타고 정상을 오를까? 가장 가파른 지점의 경사가 25도라고 한다. 생각만 해도 지치는 경사다. 하지만 미국 버지니아대학 연구 팀에 의하면, 친구와 함께 있을 때 언덕의 경사가 좀 더 완만해 보인다고 한다(Schnall, Harber, Stefanucci, & Proffitt, 2008). 친구가 손을 잡아 주면 신체적 고통도 더 오래 견딜 수 있다는 연구도 있다(Coan, Schaefer, & Davidson, 2006). 친구와 함께하면 기왓장만 가벼워지는 것이 아닌가 보다. 눈앞의 장벽도 낮아 보이고, 주사도 잘 맞을 수 있다.

이런 지적을 하는 독자들이 있을지 모른다. 남산의 경사가 완만하다고 느껴지는 것일 뿐, 실제 산의 경사는 변하지 않는다고. 그래서 한 의과대학 연구에서는 사람들의 팔에 직경 8밀리미터인 물집 8개를 만든 뒤(물론 사전 동의를 얻고), 부부 갈등이 심한 그룹과 없는 그룹의 상처 회복 속도를 비교해 보았다(Kiecolt-Glaser et al., 2005).

이 상처들이 완전히 아무는 데 걸리는 시간은 부부 갈등이 없는 경우 평균 5일이다. 하지만 갈등이 많은 커플들의 경우, 놀랍게도 6일이 지나야 상처가 아문다. 그래서 배우자의 죽음은 홀로 남은 이의 생명을 단축시킨다고 한다(Cacioppo & Patrick, 2008). 사람 때문에 산은 변하지 않아도 살은 변한다!

외향성은 지난 40년간의 연구에서 행복과 가장 관련 깊은 특성임이 밝혀졌다. 외향성은 도시의 기온을 좌우하는 위도와 비슷하다. 적도에 가까운 홍콩이 베를린보다 연간

일조량이 많고, 이 때문에 연평균 기온이 높다. 외향성은 일종의 '사회성 위도'다. 이 값이 높을수록 사회적 관계의 양과 질이 높고, 바로 이 점이 행복에 절대적 기여를 한다.

햇빛이 모든 도시의 기온을 높이듯, 사회적 경험은 개인이 가진 선천적 기질과 무관하게 행복과 관련 있다는 점도 중요하다. 이것이 지금까지 행복 연구의 큰 결론이다. 하지만 근원적인 질문에 대한 마무리는 아직까지도 다소 부족하다. 사회적 경험은 왜 이토록 중요한 행복의 조건일까?

지금까지 이 책을 차근히 읽은 독자들은 답을 예상할 수 있을 것이다. 인간은 동물이라는 사실로 되돌아가 보자. 쾌감 같은 긍정적 정서의 기능은 동물이 자신의 생존확률을 높이는 환경이나 자원에 관심을 갖도록 만드는 것이다. 그리고 뇌는 마치 동전 탐지기처럼 생존에 필요한 자원으로 우리를 유도하는데, 생존에 절대적인 자원일수록 그것에 근접할 때 신호(쾌감)가 강렬하게 울리는 것이다.

왜 사람이 행복에 그토록 중요할까? 뇌의 행복 전구가 켜지는 것은 개가 서핑을 하도록 만드는 새우깡과 비슷하다. 뇌는 우리의 행복에 일말의 관심도 없다. 우리에게 가장 중요한 것을 찾도록 하기 위해 뇌는 설계되었다. 그것은 생존과 직결되는 '사람'이다. 그래서 뇌는 사람이라는 생존 필수품과 대화하고 손잡고 사랑할 때 쾌감이라는 전구를 켜도록 설계된 것이다.

이렇게 보면 행복은 타인과 교류할 때 자동적으로 발생하는 일종의 '부산물'이라고 볼 수도 있다. 물론 그건 내가 좋아하고 나를 좋아하는 사람을 만날 때다. 역으로, 의무감이나 수단으로써 사람을 만나는 것은 가장 피곤한 일이 될 수 있다. 앞으로 살펴보겠지만 적지 않은 한국인들이 행복하지 못하다고 고백하는 이유도 역시 사람 때문이다.

가장 빈곤한 인생은 곁에 사람이 없는 인생이다. 그의 겨울은 유난히 춥고, 베인 상처도 잘 아물지 않을 수 있다. 하지만 가장 큰 문제는 행복하기 어렵다는 점이다.

레바논에 이런 속담이 있다.

"사람이 없다면 천국조차 갈 곳이 못 된다."

이 말을 거꾸로 생각해 보자. 무엇을 하며 어떤 모양의 인생을 살든, 사람으로 가득한 인생은 이미 반쯤 천국이라는 뜻이리라.

8장

한국인의 행복

서가

서울대 가지 않아도 들을 수 있는 명강의

명강

30

인문

개인에서 타인까지,
'진짜 나'를 찾기 위한 여행

다시 태어난다면,
한국에서 살겠습니까

사회과학 이재열 교수 | 18,000원

**"한강의 기적에서 헬조선까지
잃어버린 사회의 품격을 찾아서"**

한국사회의 어제와 오늘을 살펴
문제점을 진단하고 해결책을 제안한 대중교양서

우리는 왜 타인의
욕망을 욕망하는가

인류학과 이현정 교수 | 17,000원

**"타인 지향적 삶과 이별하는
자기 돌봄의 인류학 수업사"**

한국 사회의 욕망과
개인의 삶의 관계를 분석하다!

내 삶에 예술을 들일 때,
니체

철학과 박찬국 교수 | 16,000원

**"허무의 늪에서 삶의 자극제를
찾는 니체의 철학 수업"**

니체의 예술철학을 흥미롭게, 또 알기 쉽게
풀어내면서 우리의 인생을 바꾸는 삶의
태도에 관한 니체의 가르침을 전달한다.

지금, 서가명강 시리즈로 각 분

서가명강 BEST 3

서가명강에서 오랜 시간 사랑받고 있는
대표 도서 세 권을 소개합니다.

나는 매주 시체를 보러 간다

의과대학 법의학교실 유성호 교수 | 18,000원

"서울대학교 최고의 '죽음' 강의"

법의학자의 시선을 통해 바라보는 '죽음'의 다양한
사례와 경험들을 소개하며, 모호하고 두렵기만
했던 죽음에 대한 새로운 인식을 제시하다

사는 게 고통일 때,
쇼펜하우어

철학과 박찬국 교수 | 17,000원

**"욕망과 권태 사이에서
당신을 구할 철학 수업"**

세상일이 뜻대로 되지 않아 지친 현대인들에게
위로가 되어줄 쇼펜하우어의 소중한 통찰

세상을 읽는 새로운 언어,
빅데이터

산업공학과 조성준 교수 | 17,000원

**"미래를 혁신하는
빅데이터의 모든 것"**

모두에게 영향력을 끼치는 '데이터'의 힘
일상의 모든 것이 데이터가 되는 세상에서
우리는 빅데이터를 어떻게 바라봐야 할까?

처음이야

더 쉽게, 더 새롭게, 더 유익하게!
십 대와 성인이 함께 즐기는
내 인생의 첫 교양 시리즈를 만나보세요.

* 처음이야 시리즈는 계속 출간됩니다.

앞서 행복과 가장 관련 있는 특성을 외향성이라고 했다. 축구로 치자면 외향성은 개인기나 순발력 같은 선수 개인의 특성이다. 행복 지수는 외향적인 사람들이 높고, 축구는 순발력 좋은 선수들이 잘한다. 그러나 우승컵을 들기 위해서는 좋은 선수가 있는 것만으로는 부족할 수 있다. 팀의 특성, 이를테면 감독의 지휘력이나 팀 분위기 같은 요인도 한몫한다.

이런 팀 특성이 행복에 관련해서는 '문화'라고 할 수 있다. 개인이 행복을 달성하기에 유리한 조건들을 갖춘 문화도 있고, 그렇지 못한 문화도 있다. 가장 이상적인 그림은 행복한 기질을 가지고 행복감 높은 문화에서 태어나는 것이지만, 이는 코가 더 오뚝하면 좋겠다는 바람 같은 것이다.

아무튼 개인의 행복 수준은 외향성 같은 성격 특성과 깊은 관련이 있지만, 그가 살고 있는 문화도 추가 요인으로 작용할 수 있다(Diener & Suh, 2000). 여기서는 우리나라의 문화적 특성과 행복의 관계를 살펴보고자 한다. 역시 사람이라는 단어가 중요하게 등장한다.

우선 문화라는 것을 잠깐 되짚어 보자. 문화에 대한 여러 학문적 정의가 있지만, 핵심적인 개념은 '공유된 이해(shared understanding)'다. 생각, 가치, 규범이나 행동 방식에 대한 문화 구성원 간의 암묵적 합의가 존재한다는 뜻이다. 그리고 이것을 바탕으로 어떤 상황에서 어떻게 행동하는 것이 옳고 자연스러운 것인가에 대한 공감대가 서로 구축된다.

예를 들어 남들과 식사하면서 맛있는 반찬을 혼자만 먹는 사람. 이런 기본적인 행위에 대한 평가는 문화를 막론하고 일관적이다. 비호감. 하지만 좀 더 복잡한 일들에 대한 해석이나 반응은 문화에 따라 상당히 다를 수 있다.

프랑스 축구선수 지단의 유명한 '박치기 사건'이 하나의 예가 될 수 있다. 2006년 월드컵 결승전, 프랑스와 이탈리아의 경기 중 축구사에 남을 만한 기이한 장면이 벌어졌다. 연장 후반, 자기 골문으로 걸어가던 주장 지단이 갑자기 방향을 180도 바꾸더니 뒤에 오던 이탈리아 수비수 마테라치를 박치기 한 방으로 쓰러뜨린 것이다. 지단은 퇴장당했고, 프랑스는 결국 이탈리아에 패했다.

왜 지단은 그 중요한 순간에 격투기 선수로 변했을까? 나중에 밝혀진 바에 의하면, 마테라치가 알제리 출신인 지단과 그의 여동생에 대해 인종차별적인 발언을 하며 지단의 기분을 긁었다고 한다. 이 심리전에 말려든 지단이 폭발한 것이다. 프랑스 국기를 가슴에 단 국가대표팀 주장에서 순식간에 한 여동생의 오빠로 돌변한 것이다.

지단 때문에 경기에 졌다고 단정은 못하지만, 연장전에서의 그의 퇴장이 노장 프랑스팀에 치명적인 전력 손실을 준 것은 분명하다. 그것도 월드컵 결승전 경기에서. 여러분이 프랑스인이었다면 지단이라는 인물에 대해 어떤 평가를 내렸을까? 정의의 사나이, 아니면 사사로운 감정에 휘말려 대의를 그르친 한심한 친구?

이 대목에서 문화 차이가 등장한다. 프랑스는 이 사건 후 지단을 영웅으로 대접했다. 그의 박치기 장면을 조각 작품으로 만들어 프랑스 지성의 상징 퐁피두센터 앞에 세워놓았다. 월드컵이 끝난 뒤 축구선수들과 함께한 만찬 자리에서도 시라크 대통령은 지단에게 "당신은 뜨거운 가슴을 가진 사람, 그래서 프랑스가 당신을 사랑하네"라고 말했다고 한다. 프랑스 축구선수, 할 만하다. 아니, 무슨 일을 하며 살든 이런 사회가 행복해지기에 유리한 조건을 가진 곳이다. 개인의 가치와 감정을 최대한 존중하고 수용하는 문화.

지단의 박치기 동상은 문화 차라는 것이 무엇인지를 보여 주는 좋은 소재다. 퐁피두 전시가 막을 내린 뒤, 2018년 월드컵 개최국으로 확정된 카타르에서 이 동상을 구입했다. 그러곤 월드컵 분위기를 띄우기 위해 도심 공원에 설치했다. 그러나 이 동상은 카타르의 높으신 분들로부터 또다시 레드카드를 받고 4주 만에 철거되었다. 공식적인 이유는 한 개인을 영웅시하는 서구의 상징물이 전통적인 이슬람 정서와 맞지 않는다는 것이었다. 문화적 정서 차이가 무엇인지를 여실히 보여 주는 대목이다. 한 개인을 높이 세우는 문화가 있는 반면, 그를 눕혀 트럭에 싣고 나가는 문화도 있다.

행복 연구에서 문화의 중요성을 나타내는 대표적 국가가 한국과 일본이다(Suh & Koo, 2008). 높은 경제 수준에 비해 이상할 정도로 행복도는 낮기 때문이다. 경제 수준이

박치기로 영웅이 된 축구선수 지단. 타국에서는 레드카드를 받고 쓸쓸히 퇴장.

훨씬 떨어지는 여러 중남미 국가들(멕시코, 콜롬비아, 브라질)보다 한국과 일본의 행복감이 낮다. 경제 수준만으로 국가의 행복을 예측하기 어렵다는 사실을 보여 주고 있다(혹시 여기서 방글라데시를 연상하는 독자들도 있을 텐데, 방글라데시 국민이 가장 행복하다는 보도는 학계의 결론과 다르다).

한국, 일본과 함께 다른 아시아의 신흥 경제국들도 행복 부진 그룹에 포함된다. 세계에서 소득수준이 가장 높은 싱가포르는 갤럽에서 조사한 150여 개국 비교 자료에서 가장 정서가 메마른 국가 중 하나로 나타났다(Gallup, 2012). 긍정적 정서, 부정적 정서 모두 조사국 중 가장 낮게 나온다.

한국, 일본, 싱가포르. 이런 국가들이 가진 문화적 공통점은 무엇일까? 그리고 이 문화적 특성은 왜 개인의 행복감과 충돌하는 것일까?

학자들이 문화를 이해하기 위해 가장 널리 사용하는 개념 중 하나는 개인주의와 집단주의다(Triandis, 1995). 말 그대로 개인과 그가 속한 집단 간의 상호 관계를 어떻게 보느냐가 핵심이다. 어떤 사회에서 살든 개인의 취향과 계획들이 그가 속한 집단(가족, 회사, 국가 등)의 뜻과 한 번씩은 충돌하기 마련이다. 가령 나는 A와 결혼하고 싶은데, 부모

님의 선택은 B일 때. 주말에 그냥 찜질방에서 계란 까먹으며 쉬고 싶은데, 부장님에게 북한산 입구로 집결하라는 문자를 받을 때. 오마이 갓.

이처럼 개인과 집단의 뜻이 정면충돌할 때 누구의 손을 들어 주느냐가 개인주의와 집단주의 문화의 핵심적인 차이다. 개인의 뜻대로 선택하고 표현하는 것이 당연하다고 생각하는 문화는 개인주의적 성향이 높은 것이다. 가령 미국이나 지단의 프랑스 같은 서구 유럽.

한편 집단이 개인에게 때로 과도한 요구를 하고, 이를 수용하지 않는 사람은 철없고 이기적이라는 낙인이 찍히는 문화는 집단주의적 성향이 강한 것이다. 한국, 일본, 싱가포르 같은 아시아의 '행복 부진' 국가들이 대표적인 예다.

행복감을 예측하는 가장 중요한 문화적 특성은 개인주의다(Diener, Diener, & Diener, 1995). 소득수준이 높은 북미나 유럽 국가들의 행복감이 높은 이유도, 사실은 상당 부분 돈 때문이 아니라 유복한 국가에서 피어나는 개인주의적 문화 덕분이다. 그래서 개인주의적 성향을 통계적으로 제거하면, 국가 소득과 행복의 관계가 거의 소멸된다. 즉, 개인주의는 국가의 경제 수준과 행복을 이어 주는 일종의 '접착제' 역할을 한다(Inglehart, Foa, Peterson, & Welzel, 2008).

역으로 이 접착제(개인주의)가 부족한 사회는 경제적 발전을 이룩해도 거기에 상응하는 행복감이 뒤따라오지 않는 경우가 있다. 한국과 일본이 그 예다.

그렇다면 개인주의 문화의 어떤 점이 개인의 행복 성취를 유리하게 만드는 것일까? 역으로 집단주의 문화의 부족한 점은 무엇일까? 우선, 심리적 자유감이다. 자유감이란 사실 뭐 그리 대단한 것이 아니다. 그것은 남에게 피해를 주지 않는 선에서 내 인생을 내 마음대로 사는 것이다. 이런 삶을 보편적으로 지지해 주는 문화가 있고, 이렇게 살기 위해 세상과 문을 닫고 기인이 돼야 하는 문화도 있다. 행복이라는 씨앗은 개인의 자유감이 높은 토양에서 쉽게 싹을 틔운다.

우리나라의 집단주의적 문화에는 어떤 특성이 있을까? 일장일단이 있을 것이다. 장점은 일단 공동의 목표가 생기면 무서운 응집력과 추진력을 발휘한다는 점이다. 축구 응원을 위해 수만 명이 하나의 붉은 덩어리가 되고, 국가가 경제위기를 맞으면 금반지 하나씩 십시일반으로 모아 힘을 보탠다. 한국의 기적적인 경제발전도 이 덕분이다. 위기와 어려움에 대처하기에 적합한 구조다.

하지만 만성적인 긴장과 피로가 수반된다. 시각적으로

표현한다면, 일상의 많은 것들이 옆으로 자유롭게 흩어져 있는 모양이 아니라 서열에 의해 위아래로 세워져 있는 식이다. 팀장과 부하 직원, 선배와 후배, 정규직과 비정규직.

이런 수직적인 문화에서는 구성원 각자에게 주어진 뚜렷한 역할이 있다. 자신의 칸 안에서 그 역할만 감당하면 된다. 가족으로서, 혹은 팀원으로서 주어진 역할 수행을 제대로 못 하면 주변의 비난을 피하기 어렵다. 그래서 나에 대한 다른 사람들의 평가에 민감해질 수밖에 없고, 이렇듯 타인중심적인 생각은 행복 성취에 걸림돌이 되는 경우가 많다. 이 이야기는 잠시 뒤 자세히 다룰 것이다.

자, 이제 중요한 질문을 할 때가 왔다. 여태껏 사람이 행복의 가장 중요한 요소라고 설명했다. 우리가 살고 있는 집단주의 문화는 사람에 묻혀 사는 문화다. 그런데 왜 한국이나 일본 같은 초집단주의적 문화의 행복감은 오히려 예상치보다 낮을까? 언뜻 보면 모순이 있어 보인다. 하지만 차분히 생각해 보면, 모순이라기보다는 우리가 '중요하다'는 의미를 너무 단순하게 해석하기 때문이다. 중요한 것이 무조건 좋다는 뜻은 아니다.

무엇이 중요하다는 것은 그에 대한 반응이 민감하고 강

렬해진다는 것을 의미한다. 좋은 것은 더 좋고, 나쁜 것은 더 나쁜 방향으로. 엄마가 마트에서 사 온 양말 색깔이 싫다고 거품을 물고 쓰러지지는 않는다. 하지만 알레르기가 있는 사람은 복숭아를 먹고 쓰러지는 경우가 있다. 생존을 좌우하는 정도에서 안전한 음식 섭취는 양말 색깔에 비해 훨씬 중요하기 때문이다. 그래서 새 양말에 비해 스테이크가 주는 쾌감도 크지만, 썩은 고기가 주는 역겨움 또한 더 강렬하다.

사람도 마찬가지다. 사람은 음식만큼 중요한 생존 자원이기에 이에 대한 감정적 반응 역시 강력하다. 그리고 음식과 마찬가지로 사람도 양날의 검과 같은 속성이 있다. 좋은 사람과 대화하고 놀고 손잡는 것만큼 순수한 즐거움을 주는 것도 없지만, 역으로 사람만큼 스트레스와 불쾌감을 주는 자극도 없다. 나를 배척시키고, 해를 가할 수 있는 위험한 존재 또한 사람이기 때문이다. 즉, 사람은 가장 절대적인 행복의 원인이기도 하지만 동시에 불행의 원인이 될 수도 있다.

단순하게 표현한다면, 타인은 나에게 단맛과 쓴맛을 모두 느끼게 하는 존재다. 행복의 결정적 열쇠를 쥐고 있는 사람과의 관계가 일상에서 주로 어떤 맛으로 나타나느냐는 매우 중요한 문제다. 문화가 가진 여러 가지 양념은 이 맛을 결정하는 데 중요한 역할을 한다. 앞에서 언급한 자유감과 타인중심적 사고가 특히 관련이 있다. 이 특성과 행복과의 관계를 조금 더 구체적으로 생각해 보자.

우선 개인의 자유감. 개인주의 국가들이 높은 행복을 누리는 큰 이유가 여기에 있다고 했다. 하지만 집단의 응집력과 통일성을 강조하는 문화에서 이 부분은 뒷전으로 밀려나는 경우가 많다. 초등학교 때 소풍 전날 선생님께서 강조하시던 말씀이 나는 아직도 기억난다.

"내일 소풍 가서 즐겁게 놀도록. 단, 개인행동은 하지 말 것."

어린 마음에도 뭔가 앞뒤가 맞지 않다는 생각이 들었다. 뭉치면 살고 흩어지면 죽는다는 말을 우리는 자주 들으며 산다. 위기에 대처하기에는 좋은 전략이지만, 평소에는 뭉치면 피곤하고 흩어지면 자유로운 경우가 더 많다.

그러나 조직이 그 단단한 위계를 유지하고 일사천리로 일을 진행하기 위해서는 모두 하나가 되어 규격화된 행동을 해야 한다. 이 과정에서 개인의 다양한 취향, 가치와 감정 들은 부수적인 것으로 전락하고, 결과적으로 자유감은 뒷전으로 밀려나게 된다.

조직의 결속을 다지기 위해 개인사를 뒤로하고 회식에 참석해야 하며, 회식 자리에서는 어떻게 행동하는 것이 맞고 틀린지가 이미 정해져 있다. 술이 턱까지 차올라도 먼저 집에 가는 것은 틀린 것이고, 부장님이 8번째 앵콜곡을 부르겠다고 주책을 부려도 환호하는 것은 맞는 것이다.

이런 모습은 회식 문화에 그치지 않는다. 매사에 무엇이 맞고 틀린지에 대한 정답이 정해져 있다. 수년 전 한 신문사에서 한국인의 삶을 함축하는 내용의 수필을 공모한 적이 있다. 최우수상을 받은 수필의 제목은 '시험'이었다. 이렇게 우리는 평생 정답을 찾는 사회에서 살아왔다. 그러다 보니 하나로 수렴되는 생각을 하는 데 익숙해지고, 정답에서 벗어난 가치와 행동에 대해서는 불안감을 느낀다.

오죽하면 이적이라는 가수는 왼손잡이의 서러움을 담은 노래를 만들어 불렀을까. 엄살이 아니다. 실제로 집단주의적 성향이 강한 사회일수록 왼손잡이의 비율이 낮다(Triandis, 1995). 부모들이 왼손잡이 아이들을 후천적 오른손잡이로 바꿔 놓기 때문이다.

이런 획일적인 사고는 행복에 큰 타격을 준다. 마치 행복에도 정답이 있고, 이는 몇 가지 잣대로 압축된다는 생각을 하게 만든다. 좋은 대학 간판, 대기업 명함, 높은 연봉. 이런 조건들을 갖추지 못한 인생은 왠지 '행복 시험'에서 낙제한 것 같은, 그래서 불행한 삶이라는 좌절감을 느끼게 한다.

우리 문화의 이런 획일적인 사고는 개인의 자유감을 저하시키고, 더 나아가 행복에 부정적 영향을 줄 수 있다. 그렇지만 문화적 분위기가 심리적 자유감을 무조건 박탈하는 것은 아니다. 보다 결정적인 것은 다른 사람들의 평가나 시선에 얼마나 신경을 쓰며 사느냐다.

물론 사회의 일원으로 살며 타인의 평가와 의견을 경청하고 존중하는 자세는 필요하다. 하지만 그것이 내 인생의 유일한 나침판이 되면 문제가 발생하기 시작한다. 내 스스로 느끼고 생각하는 것보다 그에 대한 타인의 반응이 더 중요해진다. 그러다 보면 어느새 삶을 경험하기 위해 사는 것이 아니라 남에게 좋은 평가를 받기 위해 살게 된다.

올림픽 메달을 딴 한국 선수들이 기자회견을 마무리할 때 흔히 덧붙이는 말이 있다. "열심히 할 테니 지켜봐 주세요." 연예인들이 결혼 발표를 할 때도 비슷한 말을 한다. 예쁘게 잘살 테니 지켜봐 달라고. 한국 사람이라면 이 전형적인 멘트에 담긴 정서를 전적으로 이해할 것이다.

하지만 뭔가 순서가 바뀌었다는 생각이 들 때가 있다.

내가 운동을 하고 결혼 생활을 하는 것은 남들로부터 좋은 평가를 받기 위해서가 아니다. 내가 하고 싶어서, 나를 위해서 운동도 결혼도 하는 것이다.

"물론이지"라고 동의하면서도 우리는 늘 나를 지켜보는 타인의 시선을 의식한다. 그래서 그들에게 나의 경험을 어떤 방식으로든 보여 주고 싶어 하고, 그들로부터 좋다는 승인을 받아야 속이 개운해진다. 파스타를 먹기 전에, 로키산맥의 장관 앞에서 우리가 꼭 치르는 의식이 있다. 바로 사진 찍기. 이렇게 남에게 보여 주는 것이 중요하다 보니 영혼의 내용물보다 그것을 감싸고 있는 얼굴형과 콧대에 더 관심을 갖게 된다. 나라는 존재에 미치는 타인의 존재감이 너무도 큰 것이다.

이렇듯 과도한 타인 의식은 집단주의 문화의 행복감을 낮춘다. 행복의 중요 요건 중 하나는 내 삶의 주인이 타인이 아닌 자신이 되어야 한다는 것이다.

하지만 자아의 많은 부분이 다른 사람으로 채워진 한국인들은 자칫 잘못하면 타인에게 삶의 주도권을 내어 주게 된다. 세상을 나의 눈으로 보기보다 남의 눈을 통해 보려고 한다. 이때부터 행복의 걸림돌들을 여기저기서 만나게 된다. 구체적으로 어떤 것일까?

우선 타인의 평가를 의식하는 것 자체가 인간에게는 대단한 스트레스다. 인간의 뇌는 철저히 사회적인 뇌라고 했다. 생존과 직결된 타인이 나를 어떻게 생각하는지 파악하는 것은 뇌의 최우선적 임무 중 하나다. 그래서 주변 사람들에게 관심과 주의가 자동적으로 집중되고, 집중하는 만큼 피로와 불안도 쉽게 온다.

이런 불안감을 이용해서 만든 심리 자극이 있다. 독일 트리어대학 심리학자들이 개발해 '트리어(Trier) 처치법'이라 불리는 이 '불안 조성 절차'는 매우 간단하다. 피험자에게 당신은 1분 뒤 사람들 앞에서 발표를 하게 될 것이고, 그들이 당신의 발표 능력을 평가할 것이라고 말해 주는 것이다. 예상치 못한 상황을 맞은 피험자들은 갑자기 불안해지고, 심장박동수도 급상승한다(Fredrickson, Mancuso, Branigan, & Tugade, 2000). 과도하게 남을 의식하며 산다는 것은 일평생 이 무시무시한 트리어 처치를 받으며 사는 신세가 되는 것이다.

또 다른 고전적인 심리학 연구에서는 대학원생들의 컴퓨터 화면에 지도교수의 사진이 잠깐 스쳐 지나도록 했다. 그 뒤 자신의 연구 아이디어에 대해 생각해 보고, 그것이 얼마나 훌륭한지 스스로 평가하라고 했다(Baldwin, Carrell,

& Lopez, 1990). 교수의 사진을 본 대학원생들은 사진을 보지 않은 동료들보다 자기 아이디어를 더 부정적으로 평가했다. 누군가 위에서 자신을 평가한다는 시선이 느껴지면, 인간은 본능적으로 더 긴장하고 위축하게 된다. 이를 통찰한 알베르 카뮈(Albert Camus)는 이런 말을 남겼다.

"행복해지려면 다른 사람을 지나치게 신경 쓰지 마라(To be happy, we must not be too concerned of others)."

둘째, 타인을 의식하는 것이 습관이 되다 보면 내가 아닌 타인의 시각을 통해 매사를 판단하고 평가하게 된다. 심지어 자신의 행복마저도.

우리 연구실에서 최근 진행한 문화비교 연구에서는, 미국 대학생들과 한국 대학생들에게 최근 즐거웠던 경험 하나(여행 등)를 써 보고 그것이 얼마나 행복했는지 평가하도록 했다(최혜원, 2013). 그 후 이 즐거운 경험에 대해 본인이 쓴 글을 다른 사람들이 읽고 어떤 반응을 했는지를 알려 주었다.

한 조건에서는 참가자들이 언급한 일(여행)을 다른 사람들은 그다지 즐거운 일로 여기지 않는다고 말해 주었다. 다른 조건에서는 남들도 마찬가지로 여행은 아주 즐거운 경험이라 생각한다고 말해 주었다. 시간이 흐른 뒤, 참가

자들에게 그 여행이 얼마나 즐거웠는지 다시 한번 평가하
도록 했다.

　예상했던 문화 차가 나타났다. 미국 참가자들은 다른 사
람의 평가에 영향을 받지 않았다. 남들이 뭐라 하든 여행
에 대한 원래의 자기 느낌을 고수했다. "내가 즐거웠다는
데, 무슨 상관."

　반면 한국 참가자들은 흔들렸다. 자기 경험이 남들이
볼 때는 별것 아니라는 피드백을 받은 참가자들은 여행이
처음 생각했던 것만큼 즐겁지 않다고 느꼈다. "나만 좋다
고?" 왠지 뭔가 착각한 것 같아 뻘쭘해진다. 과도한 타인
의식에서 나오는 혼란이다.

　행복은 나를 세상에 증명하는 자격증을 취득하는 것이
아니다. 어떤 잣대를 가지고 옳고 그름을 판단할 필요도
없고, 누구와 우위를 매길 수도 없는 지극히 사적인 경험
이 행복이다. 내가 에스프레소가 좋은 이유를 남에게 장황
하게 설명할 필요도 없고, 그들의 허락이나 인정을 받을
필요도 없다.

　하지만 타인이 모든 판단 기준이 되면 내 행복마저도 왠
지 남들로부터 인정받아야 될 것 같은 느낌이 든다. 행복

의 본질이 뒤바뀌는 것이다. 스스로 경험하는 것에서 남에게 보여 주는 것으로 왜곡된다.

이 과정에서 행복의 또 하나의 적이 탄생한다. 과도한 물질주의적 가치. 저 사람 "행복할 만하다"라는 말을 듣기 위해서는 우선 남들이 볼 수 있는 구체적 증거들이 필요하다. 내용보다 외형이 중요해지는 것이다. 결혼식은 어떤 특급 호텔에서 했는지, 와인은 얼마짜리인지에 더 관심이 쏠린다. 그리고 이런 행복의 외형적인 증거물들을 전시하기 위해서는 돈이 필요해진다.

"내 인생의 가장 중요한 목표는 물질적 풍요다."

이 질문에 "YES"라고 답한 응답자 비율이 전 세계에서 가장 높은 나라 중 하나가 한국이다(Diener, Suh, Kim-Prieto, Biswas-Diener, & Tay, 2010). 하루 세끼조차 보장되지 않는 아프리카 사람들보다 한국인이 돈을 더 중시한다. 이것은 경제 상태가 아닌 어떤 문화적 가치가 개입되었다는 뜻이다. 남이 볼 수 있는 화려한 겉옷을 인생에 덧입혀야 행복할 수 있다는 믿음과 관련 있을 것이다.

우리나라 정도의 경제 수준이 되면, 돈을 중요하게 생각하는 물질주의적 태도 자체가 행복을 저해한다는 것이 많은 연구의 결론이다. 극단적으로 사랑과 돈. 당신 인생에서 하나를 선택해야 한다면? 매우 간단하지만, 이 질문은 행복한 사람과 그렇지 못한 사람을 가르는 중요한 지표가 된다.

본인의 경제 수준과 상관없이, 사랑보다 돈을 중요하게 생각할수록 그의 행복도는 낮다(Diener & Biswas-Diener, 2002). 반대로 사랑에 더 많은 가치를 두는 사람일수록 행복하다. 돈이 없어서 불행하고, 또 가난하기 때문에 돈을 중시하는 것이 아니냐는 의문이 들 수도 있다. 가능하지만, 이 현상의 본질적 설명은 아니라고 생각한다. 한국이 아프리카보다 돈을 더 중시한다는 점을 보면 알 수 있다.

과도한 물질주의와 행복 간의 마찰은 왜 일어날까? 그 이유가 중요하다. 호모사피엔스에게 다른 사람이 그토록 중요했던 이유는 생존 과정에서 타인의 보호와 도움이 필요한 일이 많았기 때문이다. 즉, 타인은 나의 불충분함을 메워 주는 절대적 존재였다.

하지만 약 3000년 전 인류가 돈이라는 것을 만들어 내면서부터 인간의 나약함을 보완해 줄 수 있는 수단이 하나 더 생겨났다. 즉, 예전에는 생존 보호 장치가 사람뿐이었지만, 문명 생활을 하면서부터 돈이 그 역할을 분담하게 된 것이다. 예전에는 먹을 것이 다 떨어졌을 때 사냥 잘하

사랑과 돈의 상대적 중요도와 행복

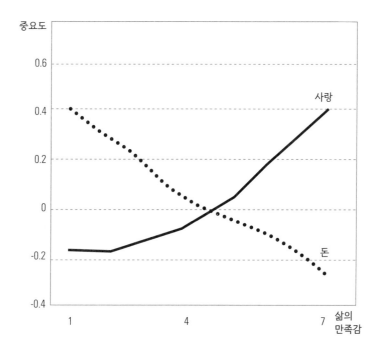

출처: Diener&Biswas-Diener, (2002)

는 친구가 반드시 필요했지만, 지금은 돈을 가지고 마트에 가면 된다.

그래서인지 앞서 언급했듯 돈에 대한 생각을 할수록 사람에 대한 관심은 줄어든다고 한다. 최고의 과학 전문지 《사이언스(Science)》에 2006년 실린 논문에 의하면 돈은 사람에게 '자기 충만감(self-sufficiency)'이라는 우쭐한 기분이 들게 만든다(Vohs, Mead, & Goode, 2006). 돈이 있으면 "너희가 없어도 난 혼자 살 수 있어" 같은 느낌.

이 연구에서는 대학생들을 실험실로 부른 뒤, 약 10분 동안 컴퓨터가 놓인 책상 앞에 대기시켰다. 사실은 대기시간 동안 컴퓨터의 화면보호기에서 날아다니는 물체가 이 실험의 관건이었다. '돈' 조건의 컴퓨터 화면에서는 말 그대로 돈 사진들이 10분간 날아다녔다. 통제 조건의 참가자들에게는 물고기 같은 자연 물체를 보여 주었다. 그 후 다른 사람과 도움을 주고받는 행위를 관찰했다.

두 가지 조건은 행동에 커다란 차이를 만들었다. 타인이 도움을 요청했을 때 통제 조건의 사람들은 148초를 할애한 반면, 돈을 본 사람들은 68초만을 썼다.

또 남에게 얼마나 도움을 청하는지도 관찰했다. 일부러 해답이 없는 어려운 과제를 풀도록 해서, 17분 동안 참가자 중 몇 퍼센트가 남에게 도움을 청하는지 기록했다. 돈 조건의 사람들 중에서는 30퍼센트 미만이, 통제 조건의 사람들은 60퍼센트 정도가 도움을 청했다. 즉, 거의 무의식적인 수준에서 돈을 생각하기만 해도 다른 사람을 덜 도우려 하고, 남의 도움 또한 받지 않으려고 하는 것이다. 돈의 존재감이 커지는 만큼 사람의 존재감은 작아졌다.

과도한 물질주의는 치명적이다. 행복 전구를 가장 확실하게 켜지도록 하는 것이 사람이라고 했다. 하지만 행복해지기 위해 돈에 집착할수록, 정작 행복의 원천이 되는 사람으로부터는 멀어지는 모순이 발생한다.

물론 지금 세상에서는 돈이 있으면 홀로 생존하는 것이 가능하다. 생존만이 목표라면, 사람 없이 돈만 가지고도 살 수 있는 일종의 '신세계'에서 우리는 살고 있다. 하지만 우리의 원시적인 뇌는 아직 이 신세계에 적응이 덜 되었고, 그 안의 행복 전구는 돈 자체에 관심이 없다. 그 전구가 켜지도록 하는 스위치는 여전히 사람인데, 돈을 추구하다 보면 어느새 이 결정적인 스위치가 없는 방으로 들어가게 되는 것이다. 왜 행복하지 못한 걸까? 돈 냄새를 따라 아주 깜깜한 방으로 들어왔기 때문이다.

과도한 타인 의식의 또 한 가지 문제점은 사람과의 관계를 즐겁지 않게 만든다는 것이다. 그것은 행복을 저해하는 원인이 된다. 사람이 행복에 가장 중요한 요소라고 했지만, 여기서 중요한 전제 조건은 그 만남들이 나에게 즐거움과 편안함을 줄 때다. 그러나 다른 사람을 행복에 필요한 한정된 자원(입시, 승진 등)을 놓고 다투는 경쟁자로 생각하다 보면, 타인에 대한 불신과 스트레스가 증가할 수밖에 없다. 누구 떡이 더 큰지 항상 비교하게 되고, 방심하면 남에게 당할 수 있다는 경계심을 갖게 된다.

실제로 다른 국가와 비교해 보면 한국은 타인에 대한 신뢰도 수준이 낮다(Diener et al., 2010). 도움이 필요할 때 의지할 만한 사람이 있느냐는 질문에 덴마크나 미국인들은 96~97퍼센트가 그렇다고 대답했지만, 한국인은 78퍼센트에 그쳤다. 남들로부터 신뢰와 존중을 받는다고 생각하느냐는 질문에는 미국이나 덴마크인들의 90퍼센트가 그렇다고 말했다. 반면 한국은 56퍼센트, 일본은 66퍼센트밖에 되지 않았다.

우리 사회의 결핍이 나타나는 부분은 더 이상 '경제적인 부'의 측면이 아니다. 행복과 직결된 '사회적인 부'다. 양적으로는 인간관계가 과할 정도로 차고 넘친다. 저녁마다 각종 모임, 회의, 약속이 있지만 즐거움을 나누기 위한 만남이 아니라 대부분 어떤 필요나 목적 때문에 만나는 자리다. 에너지를 얻기보다 빼앗기고 돌아오는 만남들이다.

하버드대학의 제임스 파울러(James Fowler)와 니컬러스 크리스타키스(Nicholas Christakis) 교수 팀의 연구가 주목을 받았다. 미국 북동부의 프레이밍엄(Framingham)이라는 작은 마을 주민들의 인간관계 형태와 그들의 행복 변화를 장기간 추적한 것이다(Fowler & Christakis, 2009). 연구자들의 예상대로 행복은 전염성이 높았다.

그러나 중요한 전제 조건이 있다. 친구가 무조건 많은 것이 중요한 게 아니라, '진짜 친구'가 몇 명 있는지가 중요했다. 만남의 양보다 질이 중요하다는 뜻이다. 자유감의 중요성이 또다시 등장한다. 행복하기 위해서는 어쩔 수 없이 만나는 사람들보다 만나고 싶어서 만나는 사람들이 많아야 한다.

사회학자 에밀 뒤르켐(Emile Durkheim)은 "문화는 공기와 같다"라는 말을 남겼다. 문화는 공기처럼 절대적이지만, 그 익숙함 때문에 눈에 잘 보이지는 않는다는 뜻이다. 그렇다. 한국인인 우리는 한국 문화의 독특한 점을 의식하지 못한다. 그러나 다른 문화와 비교해 보면, 우리 사회는 눈에 띄게 집단주의적이다. 장점도 있지만 개인의 행복 차원에서 보면 만만치 않은 어려움을 줄 때도 있다.

자유감의 부족과 과도한 물질주의 등으로 나타나는 증상들의 공통 원인은 너무 예민한 타인 의식이라고 생각한다. 그렇다고 세상과 담을 쌓고 유아독존의 삶을 살자는 말이 아니다. 균형이 필요하다. 나는 누구를 위해 사는가? 우리의 무게추는 남들 쪽으로 심하게 기울어져 있을 때가 많고, 이 경우 장기적으로 자신뿐 아니라 타인의 행복감에도 좋지 않은 결과가 올 수 있다(Suh, 2007).

내가 이 글을 쓰는 목적은 한국 문화를 비판하기 위함이 아니다. 20여 년 전 나는 한국과 미국을 놓고 어디서 살 것이냐를 고민했었다. 지인들의 반대를 무릅쓰고 다시 서울 생활을 하기로 한 결정에 나는 크게 후회한 적이 없다. 하지만 행복할 수 있는 많은 조건을 가졌음에도, 왠지 한국인의 행복 날개는 접혀 있는 듯해 안타까울 때가 많다. 우리는 부러워할 만한 경제 수준을 가진 나라에, 한 시간 거리에 있는 친구들과 세상에서 가장 맛있는 음식을 먹을 수 있는 쾌적한 나라에 산다.

여기에 한 가지를 더하면 좋겠다. 각자 자기 인생의 '갑'이 되어 살아 보는 것에 좀 더 익숙해지는 것이다. 세상이

나를 어떻게 보느냐보다 내 눈에 보이는 세상에 더 가치를 두는 것이다.

미국에서 교수 생활을 할 당시, 한 여학생과 나누었던 대화가 기억난다. 이 펑크족 여학생의 외모는 한마디로 가관이었다. 머리는 보라색, 가죽옷에다 온몸에는 피어싱. 어느 날 고등학교에 실습을 나간 이 친구에게 학생들이 몰려와 질문을 했다.

"왜 누나는 남자처럼 옷을 입고 다녀요?"

그녀의 대답이 걸작이었다.

"내가 남자처럼 하고 다니는 게 아니라 남자들이 날 따라 하는 거야."

한 방 얻어맞은 기분이었다. 행복한 문화에 사는 사람들은 그녀처럼 자신의 삶과 선택에 당당함과 자신감이 넘친다. 인생의 주도권을 자기가 쥐고 사는 것이다. 우리가 부족한 부분이다.

사람은 행복의 절대 조건이지만, 나의 모든 것을 버리고 오직 남을 '위해' 사는 것은 바람직하지 못하다. 각자가 가진 독특한 꿈, 가치와 이상을 있는 그대로 서로 존중하며 이해하는 것. 이것이 사람과 '함께' 사는 모습이다. 그래야 사람의 가장 단맛을 서로 느끼며 살 수 있다.

9장

오컴의 날로 행복을 베다

과학자들이 쓰는 용어 중에 '오컴의 면도날(Occam's razor)'이라는 표현이 있다. 14세기 영국의 논리학자였던 오컴(Ockham)의 이름에서 탄생한 이 용어는 어떤 현상을 설명할 때 필요 이상의 가정과 개념 들은 면도날로 베어 낼 필요가 있다는 권고로 쓰인다. 사고의 절약을 요구하는 이 원리는 좋은 과학 이론의 기본 지침이다.

최근 심리학에 등장한 진화생물학적 견해는 이 날카로운 면도날 역할을 하고 있다. 그리고 인간 본질에 대한 이해를 전면 개편 중이다. 심리학 전공을 하지 않은 사람이라도 에이브러햄 매슬로(Abraham Maslow)의 '욕구 피라미드(Maslow, 1970)'를 한 번쯤 들어 보았을 것이다. 인간의 다양한 욕구들은 피라미드 모양의 위계적 단계를 이룬다는 것이다. 가장 아래 단계의 생리적 욕구들(식욕 등)이 채워져야 보다 고차원적인 상위 욕구(자아 성취 등)에 관심이 생긴다는 전제다. 한마디로 '금강산도 식후경'이라는 메시지다.

하지만 이 철옹성 같던 매슬로의 이론도 최근 위아래가 뒤바뀌고 있다(Kenrick, Griskevicius, Neuberg, & Schaller, 2010). 왜 사람은 세상에서 가장 뛰어난 지휘자가 되려 하고, 가장 빠른 직구를 던지려고 할까? 즉, 왜 자아 성취를 하려고 할까? 그동안 심리학자들은 온갖 철학적·도덕적 이유를 더한 장황한 설명을 했다. 하지만 진화생물학적 해석은 모든 것을 간명하게 만들었다.

금강산 구경을 하기 위해 밥을 먹는 것이 아니라, 인간의 본질적 욕구(식욕, 성욕)를 채우는 데 도움이 되기 때문에 금강산 유람(자아 성취)을 한다는 것이 최근 진화심리학적 설명이다. 혁명적이다. 이것을 사실로 받아들이는 학자들이 점점 많아지고 있다(Kenrick & Griskevicius, 2013).

앞에서 살펴본 피카소나 칭기즈칸뿐 아니라, 자아 성취의 교과서적 인물인 간디나 마틴 루서 킹 목사도 사실은 대단한 여성 편력의 소유자였다. 하지만 많은 경우, 금강산을 찾아가는 이유를 본인도 모른다. 그래서 본인뿐 아니라 심리학자들까지도 지나치게 긴 설명을 늘어놓았던 것이다.

자아 성취와 마찬가지로 행복에 대한 논의들은 필요 이상으로 거창하고 추상적이다. 오랫동안 철학자들의 영향권에서 벗어나지 못했기 때문이다. 하지만 행복의 정신적 교주로 일컬어지는 아리스토텔레스는, 정확히 말하면 행복에 대한 논의를 한 것이 아니었다.

그는 칭송을 받을 만한 '가치 있는 삶'에 대해 말했던 것이고, 또 그것은 '유데모니아(eudaimonia)'를 통해 이루어진다는 주장을 했던 것이다. '좋은(eu)'과 '정신(daimon)'의 합성어인 유데모니아는 앞에서 언급한 자아 성취 개념과도 일맥상통한다. 지금까지 많은 서양학자들이 아리스토텔레스가 말한 가치 있는 삶이 곧 행복이라는 해석을 해 왔다. 그 결과, 행복을 필요 이상으로 거창하게 생각하도록 만들었다.

아리스토텔레스의 행복론이 거창한 이유가 있다. 그는 마케도니아왕국의 귀족 가문에서 최고만을 누리며 살았던 인물이다. 그의 스승은 플라톤, 제자는 알렉산더대왕. 인류 역사에 이렇게 화려한 이력서를 가진 사람이 또 있을까. 그래서 그의 행복관도 매우 엘리트주의적이다.

그에 의하면 여자나 노예 들은 행복을 누릴 최소한의 자격조차 갖추지 못한 사람들이다. 그들이 누리는 일상의 소소한 즐거움은 '칭송받을 만한' 삶의 구성 요인이 아니라고 생각했기 때문이다. 이들이 스스로 행복하다고 생각하는 것은 아리스토텔레스에 의하면 '착각'이다.

사실 그가 관심을 둔 것은 정확히 말해 '가치 있는 삶(good life)'이지 '행복한 삶(happy life)'이 아니었다. 우리가 이 둘을 혼동하고 있는 것이다. 어쨌든 이런 초엘리트주의적 행복관의 잔재 때문에 좋은 삶과 행복한 삶이 뒤엉켜 있다.

행복도 오컴의 날로 정리할 필요가 있다. 행복은 가치(value)나 이상, 혹은 도덕적 지침이 아니다. 천연의 행복은 레몬의 신맛처럼 매우 구체적인 경험이다. 그리고 쾌락적 즐거움이 그 중심에 있다(Diener, Sapyta, & Suh, 1998). 쾌락이 행복의 전부는 아니지만, 이것을 뒷전에 두고 행복을 논하는 것은 어불성설이다.

가치 있는 삶을 살 것이냐, 행복한 삶을 살 것이냐는 개인의 선택이다. 내가 강조하고 싶은 점은 첫째, 이 둘은 같지 않다는 것이고, 둘째는 어디에 무게를 두느냐에 따라 삶의 선택과 관심이 달라진다는 것이다. 무엇이 가치 있는지를 평가하기 위해서는 잣대가 필요하고, 많은 경우 그 잣대의 역할을 하게 되는 것은 다른 사람들의 평가다. 내가 무엇을 좋아하고, 하고 싶은지보다 우선시되는 것은 내 선택을 남들이 어떻게 평가하느냐다. 내가 지금 좋고 즐거운 것보다 남들 눈에 사려 깊고 힘 있는 사람으로 인정받는 것이 더 중요해진다. 앞에서 설명했듯 여기서 행복은 역풍을 맞기 시작한다.

이런 사고는 쾌락적 즐거움의 기회를 놓치게 만든다. 미국 시카고대학 크리스토퍼 시(Christopher Hsee) 교수의 유명한 초콜릿 연구가 있다(Hsee, 1999). 대학생들에게 커다란 바퀴벌레 모양 초콜릿(2온스)과 작은 하트 모양 초콜릿(0.5온스) 중 하나를 고르게 했다. 먹는 즐거움은 하트 모양 초콜릿이 더 클 것이라고 예상하지만, 결국 대다수(68퍼센트)는 커다란 바퀴벌레 모양 초콜릿을 선택했다.

'일반인의 합리주의(lay rationalism)'라고 불리는 이 현상은 자신의 선택을 타인에게 정당화하려는 욕구에서 비롯된다. 그까짓 모양보다는 객관적인 양의 차이를 비교해서 내리는 선택이 더 '똑똑'해 보이기 때문이다. 그래서 현명하게(?) 하트 대신 바퀴벌레를 먹는다.

몇 해 전부터 우리 대학에서는 심리학을 전공하려는 학생 수가 급증했다. 그러다 보니 학점이 좋은 학생부터 전공을 선택할 수 있는 제도가 도입된 적이 있다. 그 당시 심리학 전공을 선택한 한 학생에게 이유를 물어보았다. 의외의 답이 나왔다. 심리학에 특별한 관심이 있어서라기보다, 높은 학점이 '아까워서' 심리학을 전공하기로 했다는 것이다. 사실 한국 사회에서 자주 보는 일이다. 천문학자가 되고 싶었지만 수능 점수가 너무 잘 나와서 의대를 가는 학생들. 더 행복해지기 위한 선택이라고 생각하지만 착각이다. 명분에 행복을 양보하는 습성에 익숙해지는 것이다.

행복을 정육점에서 판다면, 현재 시중의 고기들은 기름이 너무 많이 붙어 있다. 오컴의 칼날이 필요하다. 그 칼날로 기름기를 제거하고 나면 행복의 살코기로 남는 것은 주관적인 즐거움과 기쁨이다.

행복하기 위해 쾌락주의자가 되자는 말인가? 다소 그럴 필요가 있다. 특히 한국에서처럼 자신을 집단의 일부로 생각할수록 행복의 쾌락적 부분을 경시하는 경향이 있다 (Suh, Diener, & Updegraff, 2008).

그동안 우리는 내일이 없이 즐겁게 사는 여름 베짱이를 한심하게 생각하도록 세뇌받고 살았다. 두 가지 염려 때문에. 첫째, 쾌락주의자들의 즐거움은 저급하다. 둘째, 그런 삶의 말로는 한심할 것이다. 둘 다 근거 없는 염려다. 세상 모든 베짱이들이 루저가 된다는 증거는 없다. 수많은 최근 연구들에서 나오는 결론은 오히려 그 반대다.

행복한 사람들을 오랜 시간 추적한 연구들을 보면 행복한 사람일수록 미래에 더 건강해지고, 직장에서 더 성공하며, 사회적 관계도 윤택해지고, 더 건강한 시민의식을 갖게 된다(구재선, 이아롱, 서은국, 2009; 구재선, 서은국, 2012, 2013; 신지은, 최혜원, 서은국, 구재선 2013; Diener, Kanazawa, Suh, & Oishi, 2014; Lyubomirsky, King, & Diener, 2005). 한국과 미국 사회에서 동일하게 나타나는 현상이다.

이런 연구들에서 어떤 사람을 '행복한 사람'으로 정의했을까? 남의 칭송과 칭찬을 받으며 사는 사람이 아니라, 일상에서 긍정적인 정서(기쁨 등)를 남보다 자주 경험하는 사람이다. 즉, 우리가 온갖 오명을 씌우는 쾌락주의자들의 모습이다. 하루를 보면 이들의 삶이 조금 어설퍼 보일지 몰라도, 10년 뒤는 이야기가 다르다.

결론을 맺을 때다. 내가 이 책을 쓰게 된 동기는 행복에 대한 두 가지 생각을 더 많은 이들과 나누고 싶어서였다. 우선, 행복은 거창한 관념이 아니라 구체적인 경험이라는 점이다. 그것은 쾌락에 뿌리를 둔, 기쁨과 즐거움 같은 긍정적 정서들이다. 이런 경험은 본질적으로 뇌에서 발생하는 현상이기 때문에, 철학이 아닌 생물학적 논리로 접근할 필요가 있다.

고혈압 환자에게 혈압을 낮추는 데 도움 되는 생각을 자주 하라는 처방을 내리는 의사는 없다. 그러나 행복에 대한 지침들은 대부분 그렇다. "불행하다면 좀 더 긍정적으로 생각하라"고 말이다. 불행한 사람에게 생각을 바꾸라는 것은 손에 못이 박힌 사람에게 "아프다고 생각하지 말라"고 조언하는 것과 비슷하다. 생각을 통해 바뀌는 것은 또 다른 종류의 생각이다. 행복의 핵심인 고통과 쾌락은 본질적으로 생각이 아니다.

둘째, 행복에 대한 이해는 곧 인간이라는 동물이 왜 쾌감을 느끼는지를 이해하는 것과 직결된다. 인간만큼 쾌감을 다양한 곳에서 느끼는 동물이 없다. 쇼팽과 셰익스피어도 우리에게 즐거움을 준다. 그러나 가장 본질적인 쾌감은 먹을 때와 섹스할 때, 더 넓게는 사람과의 관계에서 온다. 진화의 여정에서 쾌감이라는 경험이 탄생한 이유 자체가두 자원(생존과 번식)을 확보하도록 하기 위함이었다.

이 현상은 한국인의 일상을 실시간 조사한 연구에서도 뚜렷이 나타난다. 휴대전화를 이용해 현재 무엇을 하고 있으며 얼마나 즐거운지를 대학생, 직장인, 주부, 노인 등 다양한 사람들에게 물어보았다(구재선, 서은국, 2011). 한국인이 하루 동안 가장 즐거움을 느끼는 행위는 두 가지로 나타났다. 먹을 때와 대화할 때.

행복의 핵심을 사진 한 장에 담는다면 어떤 모습일까? 이 책의 내용과 지금까지의 다양한 연구 결과들을 총체적으로 생각했을 때, 그것은 좋아하는 사람과 함께 음식을 먹는 장면이다. 문명에 묻혀 살지만, 우리의 원시적인 뇌가 여전히 가장 흥분하며 즐거워하는 것은 바로 이 두 가지다. 음식, 그리고 사람.

행복은 거창한 것이 아니다. 모든 껍데기를 벗겨 내면 행복은 결국 이 사진 한 장으로 요약된다. 행복과 불행은 이 장면이 가득한 인생 대 그렇지 않은 인생의 차이다. 한마디 덧붙인다면 "The rest are details", 나머지 것들은 주석일 뿐이다.

사랑하는 사람과 함께 음식을 먹는 것. 그것이 바로 행복이다.

개정판 발문

행복은 '유령'의 작품이 아니다

인공위성이 떠다니는 세상이지만, 여전히 우리는 자연과 우주에 대해 모르는 것이 많다. 드넓은 우주에 생명체는 또 있는지, 그들도 과연 축구에 열광하는지. 기본적 과학 지식이 부족했던 옛날에는 오죽했을까? 질문은 많았지만 늘 설명은 빈약했다. 무엇이 폼페이 화산을 분노케 했는지, 유럽인 3분의 1의 생명을 앗아 간 재앙(흑사병)은 도대체 어디서 왔는지. 알 길이 없었다.

세상은 모호하고 불확실한 것들로 가득하다. 하지만, 인간은 이런 애매함을 아주 싫어한다. 모르는 것이 많을수록 불안하고 내일을 예측할 수 없기 때문이다. 인류의 해결책은 열심히 공부하는 것이었다. 자연을 관찰하며 만물의 법칙과 질서를 탐구했다. 이 과정에서 우리는 지식이라는 막

강한 무기를 얻었고, 그것을 통해 자연을 다스리게 된 것이다.

하지만 이 여정에 놓인 함정이 하나 있었다. 지식의 위력을 맛본 인류는 무엇이든 해석하고 싶어 하는 지독한 '설명쟁이'가 되고 말았다. 지식이 부족해도 설명쟁이 DNA를 갖게 된 인류는 늘 설명, 해석, 또 설명을 했다. 이집트인들은 곤충의 움직임을 관찰하며 신의 뜻을 해석하기도 했다.

인류가 이런 설명 찾기에 집착한 이유가 중요하다. 가끔은 과학적 탐구심. 하지만 더 큰 이유는 마음의 평온을 얻기 위해서다. 이런 동기가 강하면 객관성은 뒷전으로 밀린다는 것이 문제다. 인생이 꼬일 때 찾는 점쟁이, 그 접견에서의 하이라이트는 점쟁이가 펼치는 현란한 스토리다. 그런 자리에서 객관적 근거나 구체적 이유를 요구하면 혼난다.

많은 카드 게임에는 조커(joker) 카드라는 것이 있다. 이카드는 어려운 상황에 봉착할 때 반전과 탈출을 가능케 한다. 피박을 극적으로 막는 일타쌍피 같은 것. 인류는 세상을 이해하는 과정에서 진땀을 흘릴 때, 이런 조커 카드를 자주 사용했다. 신의 섭리, 혜성의 출현, 조상 탓, 징그러운 불운과 같은 초자연적인 요인들. 설명에 공백이 생길 때 등장하는 일종의 조커 카드들이다.

중요한 점은, 이런 초자연적 설명은 자연법칙을 벗어난다는 것이다. 그래서 그 실체에 대한 과학적 검증을 할 수도, 할 필요도 없다. 아니, 그런 과학자 마인드를 갖는 것 자체가 위험할 때도 있다. 갈릴레오가 망원경으로 확인한 우주는 신이 설계한 모습과 달랐다. 이 빅 뉴스를 세상에 알리고 싶어 했던 그는 거의 화형을 당할 뻔했다.

모호함보다는 황당한 설명이라도 듣고 싶어 하는 것이 인간의 마음이다. 그래서 무리한 설명들이 만연했다. 하늘은 어떻게 우리 머리 위에 떠 있을까? 아틀라스가 하늘을 어깨에 떠메고 있다고 그리스인들은 말했다. 인간에 대한 설명도 비슷한 수준이었다. 정신적 문제를 설명할 때 자주 쓰인 조커 카드는 '악귀'였다. 치료는 이 몹쓸 기운을 몰아내는 것. 그래서 정신병 환자의 머리를 화로에 넣고 피자처럼 굽는 코미디 같은 장면이 여러 중세 그림에 등장한다.

인간은 사실 설명하기 까다로운 면이 있다. 그가 가진 양면성 때문이다. 동물처럼 먹고, 싸우고 짝짓기를 하지만, 여타 동물에서는 찾기 어려운 모습도 있지 않은가. 섬세한 감정을 느끼고, 상징적 존재(신, 조상)를 경외하며 미래를 설계한다. 이 아주 판이한 모습을 어떻게 접목하여 설명할 수 있을까? 인간을 이해할 때 등장하는 난제다.

이 오랜 딜레마를 압축한 비유가 있다. 옥스퍼드대학의 철학자 길버트 라일(Gilbert Ryle)이 쓴 '기계 속 유령(Ghost in the machine)'(Ryle, 1949)이라는 표현이다. 여기서 기계는 물리적, 생물학적 원리를 따르는 인간의 신체를 비유하며, 유령은 그것과 분리하여 존재하는 마음 혹은 영혼을 일컫는다. 이 둘은 작동 원리 자체가 다르다는 것이 서구의 전통적 생각이었고, 이 관점은 오늘날까지 심리학에 영향을 주고 있다.

전통적으로 신체는 자연현상의 연장으로 여겨졌지만, 마음은 이와 다른 어떤 세계에 속한 것으로 여겨졌다. 몸은 추워서 떨리지만, 우리의 감정과 생각은 어떻게 생기는가? 이 대목에서 종교는 신의 존재를, 중세 연금술사들은 사람 속에 존재하는 또 다른 '작은 사람'(극미인, homunculus)이 경험을 만든다는 설명을 내놓았다. 사실, 장황하게 "잘 모름"을 늘어놓은 것이다. 이렇게 경험을 탄생시킨다고 믿었던 각종 개념들을 철학자 라일은 '유령'이라고 총칭한 것이다.

그런데 이런 유령의 잔재가 아직 심리학에 남아 있다. 유령보다는 세련된 단어를 쓰지만. 가령, 자아(self)라는 용어는 수많은 심리학 이론에 등장한다. 자긍심(self-esteem), 자기 조절(self-regulation), 자기 고양(self-enhancement), 자기 효능감(self-efficacy), 자기 명확성(self-clarity), 자기 일관성(self-consistency), 자아 성취(self-actualization), 자의식(self-consciousness) 등 정말 많다.

왜 우리는 멋진 직장과 차를 가지려고 노력하는가? 자긍심을 올리고 유지하기 위해. 왜 그는 술을 끊지 못하는가? 자기 조절 능력에 문제가 있어서. 이렇게 자아(self)를 설명에 넣으면 뭔가 과학처럼 들리는 착각이 든다. 그러나, 정말 설명력이 있는 문장인가? 사실 별다른 인사이트는 없다. 어떤 현상(게으름)을 전문적 용어(자기 조절 부족)로 재포장하여 돌려막기를 한다고도 볼 수 있다.

사실 자아를 비롯한 심리학의 많은 용어들은 만질 수도, 맛볼 수도 없다. 가상의 개념이다.

인생의 문제를 해결하기 위해 자아를 바꾸라고 하는데, 존재조차 하지 않는 것을 어떻게 바꾼다는 말인가? 상담을 받으며 그 소문의 자아를 찾아보지만, 더 깊은 미궁으로 빠진다. 자아나 극미인 같은 가상의 조커 카드를 끼워 넣은 설명들이 가지고 있는 근원적 한계이다.

정리를 좀 해 보자. 인류는 자연과 인간에 대한 미진한 설명을 보충하기 위해 상상력을 발휘했다. 이때 등장한 초자연적 개념들은 객관적 사실보다는 그럴듯한 스토리를 제공하는 경우가 많았다. 사실을 알기 위해서는 과학이 필요했다. 과학의 역할이자 힘이 바로 이런 검증 불가능한 초자연적 설명들을 찾아 삭제하는 것이다. 과학의 대표 주자 물리학이 좋은 예다.

아이작 뉴턴이 케임브리지대학에 입학했던 1667년만 해도 학문의 아버지는 아리스토텔레스였다. 모든 교과 과목 앞에 그 이름이 붙어 있었다. 아리스토텔레스의 물리학, 천문학, 논리학, 철학. 그러나 아리스토텔레스의 물리학은 검증 불가능한 개념들로 가득했다. 가령, 던진 돌이 땅으로 떨어지는 이유는 돌이 가진 '내재된 힘(force)' 때문이라고 설명했다. 뉴턴, 매일 하품. 큰 감명이 없던 뉴턴은 수학을 통해 온갖 추상적인 개념들을 물리학에서 몰아내었다. 그래서 진정한 현대 과학의 시작은 뉴턴 이후라는 평가가 나온다.

심리학도 이제 변하고 있다. 다행히 인간에 대한 잉여의 설명들도 서서히 사라지고 있다. 가령, 2016년 AI 알파고는 세상에서 바둑을 제일 잘 두는 인간을 이겼다. 큰 사건이지만, 그 알파고 안에 어떤 '작은 인간'이 앉아서 바둑돌을 움직인다고 생각하는 사람은 이제 없다. 수백 년간 마음의 전유물이라고 여겼던 생각에 대해 유령과 같은 신비로운 설명이 필요하지 않다는 것을 인류가 목격한 장면이다.

그래서 몸과 마음에 대한 심리학의 생각도 바뀌고 있다. 심리학은 이 둘이 철저히 한 덩어리임을 깨닫고 있는데, 여기엔 매우 중요한 함의가 담겨 있다. 신체 반응과 마찬가지로 감정과 같은 경험을 유발하는 원인이 본질적으로 동일하다는 것이다. 그것은 바로 외부 환경의 다양한 자연적, 물리적 자극이다. 하버드대학의 생물학자였던 에드워드 윌슨(Edward Wilson)의 유명한 표현을 빌리자면, "인간의 미적, 지적, 인지적, 그리고 심지어 영적 만족감까지, 그 열쇠를 쥔 것은 자연이다".

경험의 시작도 자연? 다소 생소한 표현일 수 있는데, 감정을 예로 들어 보자. 번쩍이는 번개는 여행객을 불안하게 하고, 눈 위의 찍힌 선명한 토끼 발자국은 사냥꾼을 기쁘게 한다. 여기서 생긴 불안과 흥분은 행동을 유발한다. 여행객은 피신처를 찾아 감기를 피하고, 사냥꾼은 추격에 더

욱 매진하여 고기를 맛보게 되는 것이다. 감정의 시작은 외부 자극과 상황, 결말은 행동이다.

다시 강조. 이 반복적 순환(상황-감정-행동)의 시발점은 외부 환경이지 내면의 신비한 존재가 아니다. 멋진 노을이 로맨틱한 기분을 만드는 것이지, 그 반대가 아니다. 여기서 환경이란 추위나 사자 같은 자연 세계의 사건만 말하는 것이 아니다. 주식 폭락이나 상사와의 갈등과 같은 사회적 환경을 모두 포함하며, 지금 우리는 후자가 더 중요해진 세상에 살고 있다. 뇌는 이런 변화들을 감지하고, 그것을 바탕으로 감정이라는 경험을 만들고, 이 신호를 통해 몸에 행동 지침을 내린다. 분노는 싸움을, 불안은 도피를, 기쁨은 접근을. 즉, 감정은 세상 돌아가는 상황에 대한 '반응'이다.

행복은 본질적으로 이 감정 시스템의 작품이다. 따라서, 방금 언급한 감정의 작동 원리를 이해하는 것이 필요하다. 이런 간결한 설명을 가능케 한 것은 진화심리학이다. 이 새 관점은 고전적 이론들에 붙어 있던 거미줄들을 제거하고 있다. 그리고 새로운 눈으로 사람을 보게 만든다. 행복을 비롯한 인간의 감정과 생각 들은 왜 존재하는가? 이들도 사실 눈이나 심장처럼 생명체의 근원적 숙제(생존,

재생산) 해결을 위한 '도구'라는 것. 이것이 진화심리학의 요지다.

이 혁명적인 인간관을 처음 접했을 때, 나의 생각들은 엎치락뒤치락했다. 그러나 이 생물학적 시각이 인간의 심리를 이전보다 과학적으로 설명한다는 확신이 들었다. 그러면서 긴 시간 공부했던 행복도 전면 개편이 필요하다는 생각을 갖게 되었다. 그때 쓰게 된 책이 『행복의 기원』이다.

이렇게 새롭게 바라보게 된 행복은 기존 연구 결과들과 잘 들어맞는다. 가령, 왜 행복은 지속되기 어려운지. 사건이 종료되면 감정은 곧 원점으로 초기화되기 때문이다. 그래야만 다음 좋은 일에 다시 기쁘게 반응할 수 있는 것이다. 이렇게 기존 연구를 더 명확히 설명할 뿐 아니라, 이 관점은 어떻게 행복을 추구할지에 대해서도 새로운 이야기를 한다.

많은 행복 지침들은 '마음 안'에서 행복 승부를 내라고 한다. 가령, 원효대사의 해골 물 일화는 모든 것이 마음 먹기에 따라 달라진다는 메시지의 대명사다. 그러나 이 일화에 대한 나의 해석은 다르다. 이 동굴 사건은 마음 먹기의 중요성이 아니라 조명의 중요성을 보여 주고 있다. 어젯밤은 해골을 볼 때 생기는 강렬한 정서(역겨움)가 어둠에 차

단됐을 뿐이다. 진정한 마음 먹기의 예시는 낮에 해골 물을 보며 달게 마시는 것이다. 도인에게나 가능한 일이다. 우리 대부분은 도인이 아니다.

행복이나 감정은 신비한 정신적 힘으로 다스리는 것이 아니다. 보다 과학적인 시각은 감정의 출발지인 외부 변화에 두는 것이다. 즉, 생각을 바꾸는 것보다 환경을 바꾸는 것이 핵심 포인트다. 행복을 유발하는 구체적 상황들을 적극적으로 찾고, 만들고 늘리는 것이 필요하다는 것이다.

가령, 행복이 금을 많이 갖는 것이라고 하자(물론 아니다). 손에 돌을 들고 "이것은 금이다"라는 자기최면을 걸어서 될 일이 아니다. 금이 풍부한 광산을 찾고, 적극적으로 금을 캐야 한다. 이 당연한 논리가 행복에도 적용된다.

행복한 사람은 도인의 모습보다는 자연인의 모습에 더 가깝다. 호모사피엔스를 자연스럽게 웃게 만든 상황과 자극 들이 있다. 이들을 수집하여 일상에 많이 심어 놓고 사는 것. 행복한 사람들이 터득한 비결이다.

만약 집안 곳곳에 압정을 뿌려 놓는다면, 늘 가족들의 비명이 들릴 것이다. 비슷한 원리다. 행복 확률을 높이려면 즐거움을 주는 다양한 '행복 압정'들을 일상에 뿌려 놓아야 한다. 친구, 평양냉면, 커피, 메시의 패스, 바흐, 좋은 책, 새로운 경험, 운전을 위한 여행. 나의 행복 압정은 이런 것들이다.

여러분도 자신의 즐거운 압정들을 많이 발견하시길. 나의 즐거움에 다른 사람들이 박수를 치든 안 치든, 그리 중요하지 않다. 짧게는 일상 속에, 길게는 인생 여정에 그것을 많이 던져 놓는 것이 중요하다. 행복은 숭고한 인생 미션이 아니다. 그 압정들을 밟을 때 느끼는 여러 모양의 신체적, 정신적 즐거움의 합이다.

QnA

＿＿＿＿＿

실감이 나지 않지만, 『행복의 기원』이 출판된 지 10년이 되었다고 한다. 그동안 글과 강의를 통해 많은 분들과 책 내용에 대해 대화하며 피드백을 받을 수 있었다. 행복에 대한 생소한 내용인데, 많은 분들이 열린 마음으로 이 책을 대해 주셔서 감사하면서도 조금 놀라기도 했다. 몇 가지 대표적 질문들을 놓고 대화하며 이 책을 마무리하고 싶다.

＿＿＿＿＿

- **행복이 '생존 도구'라면, 행복할수록 무조건 좋다는 뜻인가?**

아니다. 『행복의 기원』 중 가장 오해가 있을 수 있는 내용이다. 행복(감정)이 도구라는 말은 이것이 어떤 목적(생존, 재생산)을 달성하는 데 쓰임새가 있다는 뜻이다. 이 도구는 '제대로' 작동하는 것이 중요하다. 상황과 무관하게 무조건 활성화되는 것이 좋다는 뜻은 아니다.

가령, 고기잡이 어선에 탑재된 레이더나 아파트 화재경보 장치를 생각해 보자. 둘 다 어떤 목적(참치, 안전)을 위해 설계된 도구다. 이 도구는 밤낮없이 자주 울리는 것이 좋은 것인가? 물론 아니다. 레이더는 찾는 참치 떼가 나타날 때만 선장에게 알리고, 평소에는 침묵해야 한다. 즉, 자주 울리는 것이 아니라 정확히 울리는 것이 포인트다.

상황에 따라 반응을 달리하는 변별력. 레이더나 감정 같은 도구가 반드시 가지고 있어야 하는 특성이다. 둘의 작동법은 사실 비슷하다. 필요한 행동을 준비시키는 것이다. 쾌 경험(좋다, 신난다)은 '전진' 신호이고, 불쾌 경험(무섭다, 두렵다)은 '후퇴/정지'라는 신호다. 상황과 무관하게 GO 신호(행복감)를 남발해서는 안 된다.

감정이라는 경험은 음식의 맛과 유사한 면이 있다. 쓴

맛, 신맛, 단맛. 그 음식에 독이 있거나, 상했거나, 반가운 당이 있다는 것을 알려 주는 신호다. 무엇을 먹고 뱉을지를 결정하기 위한 중요한 신호다. 상한 음식을 먹고도 달다고 느끼는 혀는 불량품이다.

감정은 뇌라는 혀로 세상을 맛보는 것이다. 이때, 행복과 유사한 기능을 가진 경험이 단맛이다. 나에게 유익을 주는 기회나 상황이 나타났으니 관심을 가지고 추구하라는 메시지다. 하지만, 음식이든 세상 경험이든 무분별하게 단맛만을 느끼는 것은 축복이 아니라 파멸의 시작이다.

우리는 늘 행복하길 바라며 산다. 그러나 감정의 기능을 이해한다면 다소 철없는 소망이다. 슬픔, 분노, 실망과 절망도 일상 문제를 해결하기 위해 필요한 경험들이다. 다채로운 감정들을 적시에 느낀다는 것은 나의 뇌가 제대로 작동하고 있다는 뜻이다. 사실, 감사할 일이다.

▪ 유전적 영향이 크다면, 행복은 변하지 않는가?

결론부터 말하면, 유전적 영향과 행복의 변화 여부는 서로 관련이 없다. 일반인은 물론 심리학자들도 가끔 혼동하는 부분이다. 그래서 행복의 변화는 행복의 유전적 영향에 대한 반박 증거가 되지는 못한다. 가끔 학술지에 나온 논문들도 이 점을 혼동한다.

쉬운 이해를 위해 우선 행복한 '순간'과 행복한 '사람'을 구분해 보자. 행복한 순간은 아침과 저녁에 달라질 수 있다. 아침에 행복이 '7'이었다가 친구와 수다를 떨고 난 후 오후에는 '9'가 될 수 있다. 이 차이는 시간 간격을 두고 '동일한' 사람에게 생긴 변화다. 전문용어로 이것은 개인 내 변화(intra-person change)라고 하며, 유전과 관련 없다. 수다가 변화 원인이다.

유전은 변화가 아닌, 사람들 간의 개인차에 주목한다. 키가 작거나 큰 사람. 이런 개인 간의 차이(interpersonal difference)와 관련 있는 것이 유전이다. 키와 마찬가지로 행복의 평균값도 사람마다 다르다. 이 평균값은 무엇과 가장 밀접한 관련이 있을까?

가령, 100명의 행복 값을 측정한 뒤, 행복이 높은 순서대로 1등부터 100등까지 한 줄로 세운다. 자, 이번에는 다른 특성을 측정하여(가령, 연봉), 높은 순서대로 다시 줄을 세우자. 개인 간의 행복 서열과 연봉 서열은 얼마나 비슷할까? 두 줄이 일치할수록 행복한 사람들은 돈이 많은 사람이라는 결론을 낼 수 있다. 이 과정을 무한 반복하는 것이 연구다(줄 세우기 대신 통계분석으로).

일관된 결론은, 개인 간의 행복 등수와 가장 비슷한 등수는 각 개인의 기질과 성격을 측정할 때 나타난다는 것이다. 그중 특히 외향성과 신경증 수준이 관련이 높은데, 이 특질을 상당 부분 결정하는 것이 유전자다. 그래서 개인의 행복 값의 중요 원인을 유전자라고 말하는 것이다. 유전자는 아직 직접 측정할 수 없다. 그래서 심리학자들은 쌍둥이 연구법을 이용하는데(일란성쌍둥이와 이란성쌍둥이를 비교), 분석 방법이 복잡하여 구체적 설명은 생략하기로.

정리를 해 보자. 행복감이 변하는 것(개인 내 변화)과 행복의 유전적 영향(개인차)은 다른 얘기다. 결론적으로, 행복은 시간에 따라 변할 수 있지만, 개인마다 변하는 범위는 유전적 영향을 받는다. 어떤 사람의 행복 변화 폭은 6-8 사이(평균 7)지만, 다른 사람은 7-9 사이(평균 8)로 이해할 수 있겠다.

많은 행복 지침들은 이 포인트를 간과한다. "감사하며 긍정적으로 생각하라!"로 행복한 순간이 만들어질 수는 있지만, 이것만으로는 행복감이 늘 높은 사람을 설명하기는 어렵다. 몇 끼를 굶으면 체중이 조금 변하지만, 마른 사람들은 매일 굶고 사는 것이 아니다. 그것보다는 남들만큼 먹어도 살이 되지 않기 때문이다.

행복감이 꽤 높은 내 여동생 같은 경우, 100미터 행복 달리기를 남보다 10미터 앞에서 출발하는 것 같다. 쾌활하고 낙천적인 유전자 덕분이다. 자주 웃는 사람이 가족 중 있다는 것은 좋은 일이지만, 동생의 행복이 크게 부럽지는 않다. 행복은 사람이 가진 무한한 특징 중 하나일 뿐이다. 이럴 때 쓰는 유용한 영어 한마디. "Good for you!"

▪ MBTI 결과가 I(내향성)인 사람은 불행한가?

우선, 내향성은 외향성의 반대가 아니다. 찬물과 더운물이 두 종류 물이 아니듯, 외향성/내향성은 상반된 특질이 아니고 동일한 특질의 높고 낮음을 나타내는 것이다. '낮은 외향성'을 편의상 내향성이라고 부르는 것이다.

(한국에서만) 상업적으로 많이 알려진 MBTI는 외향성/내향성을 반대 특성으로 묘사하는데, 성격의 본질을 왜곡하는 것이다. 그리고 사실 이 검사에는 새로운 내용도 없다. 학계의 기존 성격 문항들을 어설프게 짜깁기한 뒤, 알파벳을 몇 개 붙여 일반인들을 현혹하는 검사다. 그래서 많은 심리학 학술지들은 MBTI로 성격을 측정한 논문은 아예 심사를 하지 않는다. 과학적 가치가 없는 시간 낭비.

아무튼 여기서도 편의를 위해 내향성(낮은 외향성!)이라는 단어를 사용하자. 외향성 점수가 높은 사람일수록 행복이 상대적으로 높은 것은 사실이다. 그런데, 여기서 '상대적'이라는 단어가 아주 중요하다. 내향적일수록 행복이 상대적으로 낮다는 것이지 불행하다는 뜻이 아니다.

사실, 현재 지구에 살고 있는 거의 모든 호모사피엔스는 '약간 행복'하다(Diener, Kanazawa, Suh, & Oishi, 2015). 불행한 순간은 있지만, 평균적으로 인간 대부분은 '행복 동네'에 산다. 가령, 6주간 3500번 이상 정서 경험을 반복 측정하면, 전체 보고 중 행복에 해당되는 경험이 95퍼센트를 넘는다.

늘 불행하다는 것은 과장이다. 대부분 행복, 아주 가끔 불행. 그래서 불필요한 '행복 스트레스'는 이제 떨쳐 보냈으면 좋겠다. 그리고 '힐링' 같은 단어도 서서히 사라졌으면 한다. 멀쩡한 자신을 마치 치유와 도움이 필요한 연약한 존재로 세뇌시키는 것은 장기적 행복에 도움이 되지 않는다.

행복이라는 좁은 눈으로 보면 외향성은 이점이 있다. 그래서 외향성이 내향성보다 좋은 성격 특질인가? 이 질문은 젓가락과 숟가락 중 무엇이 좋은지를 묻는 것과 같은 우문이다. 큰 그림을 보자. 각 성격은 쓰임새가 있고, 그 가치는 환경에 따라 변한다. 가령, 상승하는 주식장에서는 모험적인 외향성이 빛을 보고, 하락장에서는 신중한 내향성이 필요하다.

세계 50여 국가의 심리학자들이 최근 모은 자료가 있다. 연구 질문, "어떤 사람들이 자신의 성격을 바꾸고 싶어 하는가?" 결론은, 행복감이 낮은 사람일수록 자신을 바꾸고 싶어 했다(Baranski et al., 2021). 자신을 그대로 인정하고, 가진 것의 장점을 활용하는 것. 행복한 사람들의 특징이다. 한국인은 외모, 성격, 심지어 이름까지 바꾸는 것에 적극적이다. 행복한 사람들과는 반대 방향으로 일상을 걷는 것이다.

▪ 재생산이 본능인데 왜 비혼과 저출산이 증가하는가?

우리가 고양이를 앉혀 놓고 "너는 생존과 재생산을 위해 최적화된 존재야"라고 말하면, 그 녀석이 익히 알고 있다며 고개를 끄덕일까? 잔소리 말고 우유나 달라는 표정을 지을 것이다. 재생산, 생존 확률 같은 추상적 개념을 이해할 수 있다는 것이 인간 대 나머지 동물과의 큰 차이다. 그러나 이런 것을 알고 모르고는 실제 재생산 결과와 큰 상관이 없다.

악어나 잠자리. 고양이와 비슷한 반응이 예상된다. 이 녀석들은 재생산에 대한 고민은 한 번도 한 적 없지만 이 분야의 챔피언들이다. 잠자리의 조상은 공룡시대 이전부터 지구에 살았다고 한다(약 2억 년 동안). 유전자를 전수하는 재생산 능력이 출중했던 이 녀석들은 비혼이었으며 가족계획을 세운 적도 없다.

결혼은 인간이 비교적 최근 만든 사회, 문화적 관습이지, 생물학적 개념이 아니다. 진화와 재생산을 묶어 말할 때 주목하는 것은 호르몬 등이 만드는 성적 욕망이다. 이 욕망이 그 어떤 욕구보다 강력한 이유는 재생산의 중요성 때문이다. 결혼을 하고 안 하고는 이 욕망을 채우는 방법, 시기나 전략의 차이일 뿐이다.

하지만 인간에게는 중요한 특이 사항이 있다. 다른 생명체의 경우, 임신 과정에 문제가 없다면, 성행위는 자동적으로 2세의 출산으로 이어진다. 그러나 인간은 피임을 통해 이 둘(성적 욕망 충족, 출산)을 분리할 수 있게 되었다. 한마디로 과학을 통해 인간은 전체 재생산 과정에서 출산을 추가 '선택' 항목으로 바꾼 것이다. 자연 입장에서 보면 당혹스러운 일이지만.

즉, 비혼이나 자녀 없는 결혼의 증가는 인간의 재생산

본능과 직접적 연관이 없다. 재생산 본능(성적 욕망)이 발휘된 후 따르는 장기적 결과에 대한 현대인들의 선택이 복잡해진 것이다. 비혼과 저출산은 근본적으로 사회적, 문화적 이슈다.

행복감과도 간접적인 관련성은 있다. 앞서 말했듯이 행복은 자신이 놓인 환경의 상태를 총체적으로 평가하는 기능을 한다. 그래서 행복은 현재의 경제적 환경과 사회적 환경이 맑고 따뜻하다고 느낄 때 높아지고, 춥고 비바람이 칠 때 낮아진다. 그렇다면 중대한 인생 결정인 자녀 만들가 계획을 언제 추진하겠는가? 주관적으로 판단하는 '인생 날씨'가 좋다고 느껴질 때이다(높은 행복). 그래서 개인/지역의 행복감과 출산율이 관련 있다는 연구들이 나온다 (Lucas, 2014; Luhmann et al, 2013).

상상하기 싫을 수 있지만, 언젠가 인간도 지구에서 사라지는 날이 올 수 있다. 만약 출산 기피가 그 결정적 이유라면, 이 재앙의 시작은 피임 방법을 이해한 인간의 지적 능력 때문이다. '호모 사피엔스'에서 둘째 단어의 라틴 뜻은 "똑똑하다, 현명하다"이다. 혹시 최후의 날이 온다면 지구를 떠난 우리 묘비에 이런 역설적인 문구가 남을지 모른다. "너무 똑똑해서 지구에서 사라진 생명체—호모 사피엔스."

▪ 행복은 인간의 영원한 최종 소망인가?

시대에 따라 사용한 단어는 다르지만, 행복은 인간의 꾸준한 로망이었다. 그래도 이에 대한 관심 수위는 변한다. 불과 40년 전, 행복이라는 주제에 관심을 가진 학자는 거의 없었다. 행복 연구의 서막을 연 것은 에드 디너의 1984년 논문이었고, 그 이후 서서히 행복이 학계의 주목을 받기 시작했다. 내가 디너 교수님 연구실로 유학 갈 당시, 행복을 공부한다는 것 자체가 무엇인지 친구들은 이해를 잘 못했다. 내 친구들이 그렇다.

불과 40년 뒤인 지금, 학계는 물론 동네 초등학생들의 대화에서도 행복은 자주 등장한다. 사적 대화의 소재를 넘어, 이제 행복은 상업적, 정치적 용도로도 쓰인다. 내 직장이 있는 서대문구의 슬로건은 "행복 100%"이다. 출퇴근하며 자주 보는 문구지만, 아직도 무슨 뜻인지는 모르겠다.

이렇게 행복에 대한 관심 수위는 변했고, 또 변할 것이다. 이 변화는 일상적인 삶의 내용과 관련 있다. 얼마 전까지 인류는 배고픔, 추위나 질병 같은 고통에 시달리며 살았다. 이 '결핍'의 시대를 사는 사람의 삶의 목표는 기본욕구의 충족이다. 실컷 먹고 자 보는 것. 이 과정에서 맛보는 대표적 경험은 쾌감이고, 이것의 이상적인 그림이 아마도 행복이었을 것이다.

지금은 다르다. 아직 상대적 빈곤은 있지만, 지구 사람 대부분은 의식주의 기본 욕구는 충족하며 산다. 비만이 늘고, 많은 질병이 없어졌으며, 로봇 덕분에 개인 시간도 많아지고 있다. 이 추세는 지속될 것이다. 인류는 풍요의 문턱을 넘어 서서히 자원과 시간이 남는 '잉여'의 삶을 살게 될 것이다.

먹을 걱정, 병들 걱정, 다칠 걱정. 이런 문제가 없는 삶은 우리에게 영원한 행복을 줄까? 그렇지 않을 것이다. 시간과 에너지가 남기 시작하면 그때 찾아오는 새로운 숙제가 있다. 바로 권태와 무료함이다.

철학자 쇼펜하우어는 인생은 고통과 권태 사이를 왕복하는 시계추 같다고 했다. 걱정이 떠난 후의 만족은 잠깐, 그 빈자리는 곧 권태로 채워진다는 말이다. 연애 시절에 그토록 애절했던 사람도 20년을 함께 살면 달라 보인다. 사람도 곤충도 아닌 식충으로 보이기 시작한다. 상황이 변하면 마음도 변하는 것이다.

최근 권태에 대한 심리학 연구가 늘고 있다. 한 연구(Wilson et al., 2014)에서는 참여자들을 15분 동안 방에 혼자 앉아 있도록 한 뒤(핸드폰 압수), 심심하면 자신에게 전기

쇼크를 가할 수 있는 옵션을 주었다. 참가자 중 3분의 2는 이 권태를 못 견디고 스위치를 눌러 자신을 전기 고문했다. 때로는 고통보다 더 참기 힘든 것이 무료함과 권태다. 인간을 독방에 가두는 것이 최고의 형벌이 된 이유일 것이다.

그래서 행복이나 의미와는 또 다른, '심리적 풍요(psychological richness)'라는 개념이 심리학에 등장했다(Oishi & Westgate, 2022). 늘 즐겁지는 않아도 일상에 변화가 있고, 세상을 새로운 눈으로 보게 만드는 다채로운 경험이 있는 인생을 말한다. 즉, 적당한 드라마와 반전이 있는 삶이다. 이런 삶을 추구하는 사람이 생각보다 많다. 우리 연구실도 참여하여 모은 국제 자료에 의하면, 한국인 중 35퍼센트는 가장 큰 인생 후회가 풍성한 인생 경험을 놓치게 만든 지난날의 어떤 결정이라고 회고했다(Oishi et al., 2020).

이상적인 삶은 시대에 따라 변한다. 중세 때의 키워드는 구원, 최근에는 행복, 그리고 또 시간이 흐르면 무엇이 될지. 행복이 중요하지만, 그것을 유일한 인생 나침반으로 삼을 필요는 없다. 즐겁고, 화나고, 웃다가 우는 것이 인생이다. 이 모든 순간들, 뇌가 필요해서 찍어 놓는 인생의 인증 샷들이다. 버릴 장면이 없다. 이 매력적인 여정을 경험하는 것 자체가 생명을 가진 자에게만 주어지는 특권이다.

Enjoy the ride!

참고 문헌

구재선, 이아롱, 서은국(2009)「행복의 사회적 기능: 행복한 사람이 인기가 있나?」한국심리학회지: 문화 및 사회문제(15, 29-47)

구재선, 서은국(2011)「한국인, 누가 언제 행복한가?」한국심리학회지: 사회 및 성격(25, 143-166)

구재선, 서은국(2012)「행복은 4년 후 학업성취를 예측한다」한국심리학회지: 사회 및 성격(26, 35-50)

구재선, 서은국(2013)「행복이 미래 수입과 직업 수행에 미치는 영향」한국심리학회지: 사회 및 성격(27, 17-36)

김진주, 구자영, 서은국(2006)「객관적 신체적 매력과 행복」한국심리학회지: 사회 및 성격(20, 61-70)

신지은, 최혜원, 서은국, 구재선(2013)「행복한 청소년은 좋은 시민이 되는가? 긍정 정서와 친사회적 가치관 및 행동」한국심리학회지: 사회 및 성격(27, 1-21)

서은국, 시게 오이시(2011)「번영의 자원으로서의 행복: 비교문화적 접근」한국연구재단 한국사회과학연구지원사업(SSK)

서은국, 최인철, 김미정 역(2006)『행복에 걸려 비틀거리다』김영사

송관재(2013) 골프장 티 박스에서 나눈 깊은 대화

장대익(2008)『다윈의 식탁』김영사

최혜원(2013)「타인의 평가가 자신의 행복 경험에 미치는 영향: 문화 차를 중심으로」연세대학교 석사학위 논문

Aknin, L. B., Barrington-Leigh, C. P., Dunn, E. W., Helliwell, J. F., Burns, J., Biswas-Diener, Robert; Kemeza, I., Nyende, P., Ashton-James, C.E., & Norton, M. I.(2013). Prosocial spending and well-being: Cross-cultural evidence for a psychological universal. *Journal of Personality and Social Psychology*, 104, 635-652.

Archontaki, D., Lewis, G. J., & Bates, T. C.(2013). Genetic influences on psychological well-being: A nationally representative twin study. *Journal of Personality*, 81, 221-230.

Baldwin, M. W., Carrell, S. E., & Lopez, D. F.(1990). Priming relationship schemas: My advisor and the Pope are watching me from the back of my mind. *Journal of Experimental Social Psychology*, 26, 435-454.

Baranski et al.(2021). Who in the world is trying to change their personality traits? Volitional personality change among college students in six continents. *Journal of Personality and Social Psychology*, 121, 1140-1156.

Baumeister, R. F.(2010). *Is there anything good about men? How cultures flourish by exploiting men*. New York, NY: Oxford University Press.

bdnews24.com(2006). Bangladeshis are the happiest! - World Happiness Survey. https://bdnews24.com/bangladesh/bangladeshis-are-the-happiest---world-happiness-survey

Berridge, K. C., & Kringelbach, M. L.(2013). Neuroscience of affect: brain mechanisms of pleasure and displeasure. *Current opinion in neurobiology*, 23, 294-303.

Bormans, L.(2010). *The world book of happiness: The knowledge and wisdom of one hundred happiness professors from all around the world*. Tielt:, Belgium: Utgeverij Lannoo nv.

Brickman, P., & Campbell, D. T.(1971). Hedonic relativism and planning the good society. In M. H. Appley(Ed.), *Adaptation Level Theory: A Symposium*(pp.287-302). New York: Academic Press.

Brickman, P., Coates, D., & Janoff-Bulman, R.(1978). Lottery winners and accident victims: Is happiness relative? *Journal of Personality and Social Psychology*, 36, 917-927.

Buss, D. M.(2011). *Evolutionary psychology: The new science of the mind*. Allyn & Bacon.

Cacioppo, J. T., & Patrick, W.(2008). *Loneliness: Human nature and the need for social connection*. New York, NY: Norton & Co.

Caprariello, P. A.; Reis, H. T.(2013). To do, to have, or to share? Valuing experiences over material possessions depends on the involvement of others. *Journal of Personality and Social Psychology*, 104, 199-215.

Coan, J. A., Schaefer, H. S., & Davidson, R. J.(2006). Lending a hand social regulation of the neural response to threat. *Psychological Science*, 17, 1032-1039.

Constable, J. L., Ashley, M. V., Goodall, J., & Pusey, A. E.(2001). Noninvasive paternity assignment in Gombe chimpanzees. *Molecular ecology*, 10, 1279-1300.

Costa, P. T., Jr., & McCrae, R. R.(1980). Influence of extraversion and neuroticism on subjective well-being: Happy and unhappy people. *Journal of Personality and Social Psychology*, 38, 668-678.

Coyne, J. A.(2010). *Why evolution is true*. New York, NY: Penguin.

Darwin, C.(1859). *On the origins of species*. London: Murray.

Darwin, C.(1871). *The descent of man and selection in relation to sex*. London:

Murray.

Dawkins, R.(1986). *The blind watchmaker: Why the evidence of evolution reveals a universe without design*. New York, NY: Norton.

DeWall, C. N., MacDonald, G., Webster, G. D., Masten, C. L., Baumeister, R. F., Powell, C., (⋯) & Eisenberger, N. I.(2010). Acetaminophen reduces social pain behavioral and neural evidence. *Psychological science*, 21, 931-937.

Diener, E., & Biswas-Diener, R.(2002). Will money increase subjective well-being? A litereature review and guide ot needed research. *SocialIndicators Research*, 57, 119-169.

Diener, E., & Biswas-Diener, R.(2008). *Happiness: Unlocking the mysteries of psychological wealth*. Malden, MA: Blackwell.

Diener, E., Diener, M., & Diener, C.(1995). Facotrs predicting the subjective well-being of nations. *Journal of Personality and Social Psychology*, 69, 851-864.

Diener, E., Emmons, R. A.,(1984). The independence of positive and negative affect. *Journal of Personality and Social Psychology*, 47, 1105-1117.

Diener, E., Kanazawa, S., Suh, E. M., & Oishi, S.(2014). Positive mood offset was essential to human evolutionary success. University of Illinois. Manuscript under review.

Diener, E., Kanazawa, S., Suh, E. M., & Oishi, S.(2015). Why people are generally in a good mood. *Personality and Social Psychology Review*, 19, 235-256.

Diener, E., Lucas R. E., Oishi S., & Suh E. M.(2002). Looking up and looking down: Weighting good and bad information in life satisfaction judgments. *Personality and Social Psychology Bulletin*, 28, 437-445.

Diener, E., Lucas, R. E., & Scollon, C. N.(2006). Beyond the hedonic treadmill: Revisiting the adaptation theory of well-being. *American Psychologist*, 61, 305-314.

Diener, E., Sandvik, E., & Pavot, W.(1991). Happiness is the frequency, not the intensity, of positive versus negative affect. In F. Strack, M. Argyle, & N. Schwarz(Eds.), *Subjective well-being: An interdisciplinary perspective*(pp. 119-139). Elmsford, NY: Pergamon Press.

Diener, E., Sapyta, J. J., & Suh, E.(1998). Subjective well-being is essential to well-being. *Psychological Inquiry*, 9, 33-37.

Diener, E., & Seligman, M. E.(2002). Very happy people. *Psychological Science*, 13, 81-84.

Diener, E., & Suh, E. M.(2000)(Eds.). *Culture and subjective well-being*. Cambridge, MA: MIT Press.

Diener, E., Suh, E. M., Kim-Prieto, C., Biswas-Diener, R., & Tay, L. S.(2010). Unhappiness in South Korea: Why it is high and what might be done about it. Keynote Adress, 2010 Annual Meeting of the Korean Psychological Association, Seoul, Korea.

Diener, E., Suh, E. M., Lucas, R. E., & Smith, H. L.(1999). Subjective well-being: Three decades of progress. *Psychological Bulletin*, 125, 276-302.

Dunbar, R.(1998). The social brain hypothesis. *Evolutionary Anthropology*, 6, 178-190.

Dunn, E. W., Aknin, L. B., & Norton, M. I.(2008). Spending money on others promotes happiness. *Science*, 319, 1687 - 1688.

Dunn, E. W., Biesanz, J. C., Human, L. J., & Finn, S.(2007). Misunderstanding the affective consequences of everyday social interactions: The hidden benefits of putting one's best face forward. *Journal of Personality and Social Psychology*, 92, 990.

Dunn, E., & Norton, M.(2013). *Happy money: The science of smarter spending*.

New York, NY: Simon & Schuster.

Eisenberger, N. I., Lieberman, M. D., & Williams, K. D.(2003). Does rejection hurt? An fMRI study of social exclusion. *Science*, 302, 290-292.

Emler, N.(1994). Gossip, reputation, and social adaptation. In R. F. Goodman & A. Ben-Ze'ev(Eds.), *Good gossip*, 117-138. Lawrence: University of Kansas Press.

Fowler, J. H., & Christakis, N. A.(2009). The dynamic spreadof happiness in a large social network: Longitudinal analysis of over 20 years in the Framingham Heart Study. *British Medical Journal*, 337, a2338.

Fredrickson, B. L., Mancuso, R. A., Branigan, C., & Tugade, M. M.(2000). The undoing effect of positive emotions. *Motivation and Emotion*, 24, 237-258.

Fredrickson, S., & Lowenstein, G.(1999). Hedonic adaptation. In D. Kahneman, E. Diener, & N. Schwarz(Eds.), *Well-being: The foundations of hedonic psychology*(pp.302-329). New York, NY: Russel-Sage.

Gallup Poll(2012). Singapore ranks as the least emotional country in the world. http://www.gallup.com/poll/158882/singapore-ranks-least-emotional-country-world.aspx

Gazzaniga, M. S.(2008). *Human: The science behind what makes you unique*. New York: NY. Harper.

Gigerenzer, G.(2007). *Gut feelings: The intelligence of the unconscious*. New York, NY: Penguin.

Gilbert, D. T., Pinel, E. C., Wilson,T. D., Blumberg, S. J., & Wheatley, T. P.(1998). Immune neglect: A source of durability bias in affective forecasting. *Journal of Personality and Social Psychology*, 75, 617-638.

Grinde, B.(2012). *The biology of happiness*. Springer.

Griskevicius, V., Cialdini, R. B., & Kenrick, D. T.(2006). Peacocks, Picasso, and parental investment: The effects of romantic motives on creativity. *Journal of Personality and Social Psychology*, 91, 63–76.

Griskevicius, V., Tybur, J. M., Ackerman, J. M., Delton, A. W., Robertson, T. E., & White, A. E.(2012). The financial consequences of too many men: Sex ratio effects on saving, borrowing, and spending. *Journal of Personality and Social Psychology*, 102, 69–80.

HistoryNet(2020). Disaster On Tenerife: History's Worst Airline Accident. https://www.historynet.com/disaster-on-tenerife-historys-worst-airline-accident

Holland, R. W., Hendriks, M., & Aarts, H.(2005). Smells like clean spirit: Nonconscious effects of scent on cognition and behavior. *Psychological Science*, 16, 689–693.

Hsee, C. K.(1999). Value seeking and prediction-decision inconsistency: Why don't people take what they predict they'll like the most? *Psychonomic Bulletin and Review*, 6, 555–561.

Inglehart, R., Foa, R., Peterson, C., & Welzel, C.(2008). Development, freedom, and rising happiness: A global perspective(1981–2007). *Perspectives on Psychological Science*, 3, 264–285.

Kenrick, D. T., & Griskevicius, V.(2013). *The rational animal: How evolution made us smarter than we think*. New York, NY: Basic Books.

Kenrick, D. T., Griskevicius, V., Neuberg, S. L., & Schaller, M.(2010). Renovating the pyramid of needs: Comtemporary extensions built upon ancient foundations. *Perspectives on Psychological Science*, 5, 292–314.

Kiecolt-Glaser, J. K., Loving, T. J., Stowell, J. R., Malarkey, W. B., Lemeshow, S., Dickinson, S. L., & Glaser, R.(2005). Hostile marital interactions, proinflammatory cytokine production, and wound healing. *Archives of general psychiatry*, 62, 1377–1384.

Laran, J., & Salerno, A.(2013). Life-history strategy, food choice, and caloric consumption. *Psychological Science*, 24, 167-173.

Larsen, R. J., & Diener, E.(1992). Promises and problems with the circumplex model of emotion. In M. S. Clark(Ed), *Emotion*. Review of personality and social psychology, No. 13.,(pp. 25-59). Thousand Oaks, CA, US: Sage Publications.

Lieberman, D., Pillsworth, E. G., & Haselton, M. G.(2011). Kin affiliation across the ovulatory cycle: Females avoid fathers when fertile. *Psychological Science*, 22, 13-18.

Lieberman, D., Tooby, J., & Cosmides, L.(2003). Does morality have a biological basis? An empirical test of the factors governing moral sentiments relating to incest. Proceedings of the Royal Society of London. *Series B: Biological Sciences*, 270, 819-826.

Lieberman, M. D.(2013). *Social: Why our brains are wired to connect*. New York, NY: Crown.

Lilienfeld, S.O., Lynn, S.J., Ruscio, J., & Beyerstein, B.J.(2010). *50 great myths of popular psychology: Shattering widespread misconceptions about human behavior*. New York: Wiley-Blackwell.

Linden, D. J.(2011). *The compass of pleasure: How our brains make fatty foods, orgasm, exercise, marijuana, generosity, vodka, learning and gambling feel so good*. New York, NY: Penguin.

Lucas, R. E.(2014). Life satisfaction of U.S. counties predicts population growth. *Social Psychological and Personality Science*, 4, 383-388.

Luhmann, M. et al.(2013). The prospective effects of life satisfaction on life events. *Social Psychological and Personality Science*, 4, 39-45.

Lykken, D., & Tellegen, A.(1996). Happiness is a stochastic phenomenon. *Psychological Science*, 7, 186-189.

Lyubomirsky, S.(2010). *The how of happiness: A practical approach to getting the life you want*. London: Piatkus.

Lyubomirsky, S., King, L., & Diener, E.(2005). The benefits of frequent positive affect: Does happiness lead to success? *Psychological Bulletin*, 131, 803-855.

Maslow, A.(1970). *Motivation and personality*. New York: Harper & Row.

McMahon, D. M.(2006). *Happiness: A history*. New York: Atlantic Monthly Press.

Mellor, D., Hayashi, Y., Stokes, M., Firth, L., Lake, L., Staples, M., Chambers, S., & Cummins, R.(2009). Volunteering and its relationship with personal and neighborhood well-being. *Nonprofit and voluntary sector quarterly*, 38, 144-159.

Miller, G.(2000). *The mating mind: How sexual choice shaped the evolution of human nature*. New York, NY: Random House.

Mogilner, C.(2010). The pursuit of happiness: Time, money, and social connection. *Psychological science*, 21, 1348-1354.

Nesse, R. M., & Ellsworth, P. C.(2009). Evolution, emotions, and emotional disorders. *American Psychologist*. 64, 129-139.

Nettle, D.(2006). The evolution of personality variation in human and other animals. *American Psychologist*, 61, 622-631.

Oishi, S. et al.(2020). Happiness, meaning, and psychological richness. *Affective Science*, 1, 107-115.

Oishi, S., & Westgate, E. C.(2022). A psychologically rich life: Beyond happiness and meaning. *Psychological Review*, 129, 790-811.

Olds, J., & Milner, P.(1954). Positive reinforcement produced by electrical stimulation of septal area and other regions of rat brain. *Journal of comparative and physiological psychology*, 47, 419.

Parducci, A.(1995). *Happiness, pleasure, and judgment: The contextual theory and its applications*. Mahwah, NJ: Lawrence Erlbaum.

Petrie, M., & Halliday, T.(1994). Experimental and natural changes in the peacock's(Pavo cristatus) train can affect mating success. *Behavioral Ecology and Sociobiology*, 35, 213–217.

Quoidbach, J., Dunn, E. W., Petrides, K. V., & Mikolajczak, M.(2010). Money giveth, money taketh away: The dual effect of wealth on happiness. *Psychological Science*, 21, 759–763.

Ryle, G.(1949). *The concept of mind*. University of Chicago Press.

Sapolsky, R. M.(2006). *Monkeyluv: And other essays on our lives as animals*. New York, NY: Scribner Press.

Schnall, S., Harber, K. D., Stefanucci, J. K., & Proffitt, D. R.(2008). Social support and the perception of geographical slant. *Journal of Experimental Social Psychology*, 44, 1246–1255.

Shepher, J., & Wilson, E. O.(1983). *Incest: A biosocial view*. New York: Academic Press.

Smillie, L. D., Cooper, A. J., Wilt, J., & Revelle, W.(2012). Do extraverts get more bang for the buck? Refining the affective–reactivity hypothesis of extraversion. *Journal of Personality and Social Psychology*, 103, 306–326.

Suh, E. M.(2007). Downsides of an overly context–sensitive self: Implications from the culture and subjective well–being research. *Journal of Personality*, 75, 1321–1343.

Suh, E., Diener, E., & Fujita, F.(1996). Events and subjective well–being: Only recent events matter. *Journal of Personality and Social Psychology*, 70, 1091–1102.

Suh, E., Diener, E., Oishi, S., & Triandis, H. C.(1998). The shifting basis of life satisfaction judgments across cultures: Emotions versus norms. *Journal of Personality and Social Psychology*, 74, 482.

Suh, E. M., Diener, E., & Updegraff, J. A.(2008). From culture to priming
conditions self-construal influences on life satisfaction judgments. *Journal
of Cross-Cultural Psychology*, 39, 3-15.

Suh, E. M., & Koo, J.(2008). Comparing subjective well-being across
cultures and nations: The" what" and" why" questions. In R. A. Larsen & M.
Eid(Eds.), *The Science of Subjective Well-being*(pp. 414-427). Mahwah, NJ:
Lawrence Erlbaum.

Tellegen, A.(1999). *Happiness: The nature and nurture of joy and contentment*.
New York, NY: St. Martin's Griffin.

Triandis, H. C.(1995). *Individualism and collectivism*. Boulder, CO:
Westview.

Trivers, R.(1985). *Social Evolution*. Menlo Park: Benjamin/Cummings
Publishing Company.

Troisi, J. D., & Gabriel, S.(2011). Chicken soup really is good for the soul:
"Comfort food" fulfills the need to belong. *Psychological Science*, 22, 747-
753.

Van Boven, L., & Gilovich, T.(2003). To do or to have? That is the question.
Journal of personality and social psychology, 85, 1193.

Vohs, K. D., Mead, N. L., & Goode, M. R.(2006). The psychological
consequences of money. *Science*, 314, 1154-1156.

Wade, N.(2006). *Before the dawn: Recovering the lost history of our ancestors*.
New York, NY: Penguin.

Weiss, A., Bates, T. C., & Luciano, M.(2008). Happiness is a personal(ity)
thing: The genetics of personality and well-being in representative sample.
Psychological Science, 19, 205-210.

Weiss, A., King, J. E., & Perkins, L.(2006). Personality and subjective well-being in orangutans(Pongo pygmaeus and Pongo abelii). *Journal of personality and social psychology*, 90, 501-511.

Wilson, E. O.(2012). *The social conquest of earth*. New York, NY: Norton.

Wilson, T. D.(2002). *Strangers to ourselves: Discovering the adaptive unconscious*. Boston, MA: Harvard University Press.

Wilson, T. D. et al.(2014). Just think: The challenges of the disengaged mind. *Science*, 345, 75-77.

Zhong, C. B., & Leonardelli, G. J.(2008). Cold and lonely: Does social exclusion literally feel cold? *Psychological Science*, 19, 838-842.

사진 크레디트

서은국

연세대학교 심리학과 교수로 재직 중인 세계적 행복 심리학자이다.

연세대학교 졸업 후 일리노이대학교(UIUC)에서 행복 심리학의 창시자 에드 디너(Ed Diener) 교수의 지도 아래 심리학 박사학위를 취득했다. 캘리포니아주립대학교(UC, Irvine) 심리학과에서 종신 교수직을 받은 뒤, 현재 연세대학교에서 연구와 강의에 힘쓰고 있다.

서 교수가 출판한 행복 논문 100여 편은 학계에서 9만 회 이상 인용되고 있으며(Google Scholar) OECD 행복 보고서에 참고 자료로도 사용되고 있다. 2011년에는 벨기에 교육잡지《클라세》의 편집장인 레오 보르만스(Leo Bormans)가 집대성한 글로벌 프로젝트에서 '세계 100인의 행복학자'에 선정되어 『세상 모든 행복(World Book of Happiness)』에 기고했고, 2023년에는 한국심리학회 올해의 학술상을 수상했다.

학문적 연구와 더불어 UN 산하 국제행복기구, 한국통계청, 국회미래연구소 등에 행복 자문을 하였고, 동료 학자들과 UN에 '행복 지수' 측정 제안서를 제출함으로써 갤럽의 연례 국가별 행복 지수 조사가 정착되는 데에 기여하기도 했다. 조선일보 칼럼과 KBS, EBS, JTBC 등의 인터뷰와 강의를 통해 일반인들에게 행복의 '차가운' 진실을 전하고 있다.

지은 책으로 『행복의 기원』을 비롯해 에드 디너 교수와 함께 편저한 『Culture and Subjective Well-Being(문화와 주관적 안녕감)』, 공저서 『초저출산은 왜 생겼을까?』 등이 있으며, 『긍정 심리학 입문』 『행복에 걸려 비틀거리다』(공역) 등을 우리말로 옮겼다.

행복의 기원

인간의 행복은 어디서 오는가

1판 1쇄 발행 2014년 5월 22일
개정 1판 1쇄 발행 2021년 6월 2일
개정 2판 1쇄 발행 2024년 5월 22일
개정 2판 11쇄 발행 2025년 2월 7일

지은이 서은국
펴낸이 김영곤
펴낸곳 (주)북이십일 21세기북스

1판 기획편집 한성근 남연정 이경희
개정 2판 책임편집 최윤지
기획편집 장미희 김지영
디자인 채홍디자인
마케팅 한충희 남정한 최명열 나은경 한경화
영업 변유경 김영남 강경남 황성진 김도연 권채영 전연우 최유성
제작 이영민 권경민

출판등록 2000년 5월 6일 제406-2003-061호
주소 (10881) 경기도 파주시 회동길 201(문발동)
대표전화 031-955-2100 팩스 031-955-2151 이메일 book21@book21.co.kr

ISBN 979-11-7117-586-4 (03180)